HERMES

HERMES

经典与解释 三联丛编

反爱弥儿

［意］H.S. 热尔迪 著

李小均 仲 冬 译

生活·讀書·新知 三联书店

Copyright © 2021 by SDX Joint Publishing Company.
All Rights Reserved.
本作品版权由生活·读书·新知三联书店所有。
未经许可，不得翻印。

图书在版编目（CIP）数据

反爱弥儿／（意）H.S. 热尔迪著；李小均，仲冬译. —北京：生活·读书·新知三联书店，2021.8
（"经典与解释"三联丛编）
ISBN 978 – 7 – 108 – 07176 – 7

Ⅰ.①反… Ⅱ.① H… ②李… ③仲… Ⅲ.①教育思想-意大利-近代 Ⅳ.① G40-095.36

中国版本图书馆 CIP 数据核字（2021）第 109882 号

责任编辑	周玖龄
装帧设计	薛　宇
责任校对	陈　明
责任印制	徐　方
出版发行	生活·讀書·新知 三联书店
	（北京市东城区美术馆东街 22 号 100010）
网　　址	www.sdxjpc.com
经　　销	新华书店
印　　刷	河北鹏润印刷有限公司
版　　次	2021 年 8 月北京第 1 版
	2021 年 8 月北京第 1 次印刷
开　　本	880 毫米 × 1092 毫米　1/32　印张 6
字　　数	120 千字
印　　数	0,001 – 4,000 册
定　　价	59.00 元

（印装查询：01064002715；邮购查询：01084010542）

目 录

热尔迪的《反爱弥儿》　　布提格里翁　I
　　1.《反爱弥儿》的主要内容　VI
　　2. 定位热尔迪　XXII

引　言　1

第一部分　关于教育理论基本原理的反思　4
　　1. 卢梭的诱导修辞　4
　　2. 爱弥儿是不真实的人物　6
　　3. 对立性是不是人的原初本性的一部分　8
　　4. 自我是否从一开始就得到命令向他人的自我看齐　13
　　5. 自利是不是伦理社会关系的充分基础　20
　　6. 热爱荣誉和迷恋完美是天性　21
　　7. 心慕美德是天性　23
　　8. 社会是否会败坏人类自然的善　27

9. 社会是否发明了怕死的念头，使人成为懦夫　30

10. 法律和社会是否使人退化到隶属的奴性状态　34

11. 论对于秩序的自然之爱和社会的起源　39

12. 人的理性，自然对应于动物本能，需要教育　43

13. 孩子能否理解道德范畴　49

14. 论小孩在道德教育中怕上帝的重要性　55

15. 父亲的权威和孩子的服从　58

第二部分　对具体教育方法尤其是课程的反思　66

16. 论给孩子讲道理　66

17. 卢梭的对话歪曲了跟孩子讨论是非的方法　70

18. 论孩子对观念的把握能力　77

19. 论寓言的教学　81

20. 论语言学习，尤其是拉丁语学习　98

21. 论历史学习　111

22. 论地理学习　118

23. 论几何学习　122

24. 培根对于学习和阅读的看法　125

25. 卢梭学生的精神气质　133

26. 理想学生的生长气候　137

27. 理想学生的身体素质　*141*

28. 论卢梭的学生的社会地位　*144*

29. 哲学不足以建构民族精神　*148*

结　语　*154*

热尔迪的《反爱弥儿》

布提格里翁（Rocco Buttiglione）

过去永不会死去，
它甚至不会过去。

——福克纳（William Faulkner）

这应该是一种委婉的说法：卢梭（Rousseau）的《爱弥儿或论教育》（*Emile or On Education*）在1762年出版时引起了争议。事实上，这部作品在巴黎面世后，马上就遭到索邦大学谴责。当时的法国议会指责该书内容不宜，下令收缴，并将卢梭逮捕。在卢梭的出生地日内瓦，《爱弥儿》甚至被焚毁。正是在这种争议的氛围中，意大利北部最优秀的哲人之一热尔迪（Hyacinth Sigismond Gerdil，1718—1802）受邀审查，裁定书中是否有任何内容"违反宗教和道德"。[1] 热尔迪最初只打算简单评论一下，但在撰写评论的过程中，他

---

[1]《反爱弥儿》（*Anti-Emile*），第1节。

发现需要表达自己的教育哲学观念，结果就有了我们手边这本书。这本书1763年在都灵首次出版，热尔迪使用的书名是《针对卢梭原理进行的关于教育理论和实践的反思》（*Reflections on the Theory and Practice of Education against the Principles of Rousseau*）。

该书篇幅不大，多次重印和翻译，很快获得了《反爱弥儿》（*Anti-Emile*）这个流行的书名。从此，在很大程度上它就以此书名而著称于世。据说，卢梭认为，热尔迪对《爱弥儿》的批判立场鲜明、鞭辟入里，这些品质在众多的批评中实属罕见。[2] 热尔迪的文风彬彬有礼，尽管意在辩论，但他的口吻从未偏离冷静的哲学探讨。《反爱弥儿》除了在历史上对于围绕卢梭作品的热烈争议有过贡献，与我们当下也有关联性。如今，《爱弥儿》中的教育原理仍与我们同在。但是，这些原理不再富于争议，而是成了传统。如果想要回顾一下那个历史时刻（那时有人一眼就看穿，卢梭的《爱弥儿》用革命精神转化西方文化、铸造人心的深远潜力和真正后果），就应该仔细阅读热尔迪的《反爱弥儿》。

尽管布鲁姆（Allan Bloom）试图把卢梭《爱弥儿》的地位抬到"与柏拉图的《王制》（*Republic*）相提并论"的高

---

[2] 按照热尔迪的说法，据说卢梭说过："批评我和我作品的大小文章，发表的可谓多矣，唯有热尔迪神父的文章，我有耐心读完。遗憾的是，这个值得敬佩的作者并不理解我。"引自柯塞蒂（Carlo Corsetti）为意大利文版《反爱弥儿》（Rome: Unitor, 1990）撰写的导言，页19。

度[3],但除了在有限的学术圈内,《爱弥儿》并不广为人知。不过,这不应该被视为不重要或缺乏影响力的标志。一百年前,法国教育家孔佩雷(Gabriel Compayré)谈到卢梭在美国的影响时说:

> 毋庸置疑,卢梭的教育精神已经渗透进教学方法和教育活动……无论什么地方,只要那里纪律宽松,强调主动式学习,一直让孩子保持兴趣、好奇和专注,同时尊重孩子的尊严,那么,我们不妨说,那里就受到卢梭的影响。[4]

杜威(John Dewey)以儿童为中心的进步主义教育理念是卢梭教育思想在美国学校产生影响的主要渠道。[5]卢梭的影响在今日的教学活动中依然存在,诸如发现式教学法、小组项目教学法、交互式和操控式教学法,以及诉诸不同的学习方式。这些教学方法是当今师资培训项目的主要内容,是

---

[3] Jean-Jacques Rousseau,《爱弥儿》(*Emile or On Education*, Basic Books, 1979),Allan Bloom译。参见译序,页4。
[4] Gabriel Compayré,《卢梭与自然教育》(*Jean Jacques Rousseau and Education from Nature*, New York, 1971),R. P. Jago译,页109—110。
[5] 孔佩雷所说的纪律宽松和主动式学习,在杜威早期影响很大的论文《学校和社会》("School and Society",1900)和《儿童与课程》("Child and Curriculum",1902)中尤其明显。参见John Dewey,《〈学校和社会〉和〈儿童与课程〉》(*The School and Society and The Child and Curriculum*, Chicago, 1990)。

教师采取的教学实践活动。可以说，卢梭的爱弥儿是这些教育思想指导下最早的学生。

原则上，如果教育实践活动背后的原理来自对人之本性的理解，那么，我们可能要问，今日这种可以追溯到卢梭那里的进步主义的自由教育运动，其哲学基础是什么？布鲁姆指出了这个根本问题：

> 卢梭是这个传统的开端。这个传统用真诚/不真诚、真实/不真实、内指/外指、真我/异我等二元对立的方式取代了美德/邪恶，作为人之善/恶、幸福/不幸的根源……他的分析取代了那种基于身体/灵魂之区分的分析——正是基于对身体/灵魂的区分，反过来才激发了对美德的追寻。美德被看成是在灵魂的理性指导下，对身体欲望的驯化和控制。卢梭的分析是这种伟大渴望的滥觞。人们渴望自我，仇恨异化。这种对自我的渴望和对异化的仇恨，正是一切现代思想的特征。[6]

正如布鲁姆所说，卢梭彻底改变了伦理美德的真正意义。卢梭拒绝接受伦理美德的古典观念——把性情置于理性的约束之下——而是把伦理美德视为解放力，把内在的性情从异化的权威的约束或剥削中解放出来。柏拉图和卢梭都认

---

[6] 参见 John Dewey,《〈学校和社会〉和〈儿童与课程〉》(*The School and Society and The Child and Curriculum*, Chicago, 1990)。

为，伦理美德是教育的伟大目的。但他们各自所说的"伦理美德"的意思大相径庭。因此，我们可以这样说，教育是铸造灵魂的工艺，灵魂是按照不同的目的加以铸造的：古典人是为了铸造完美适应社会的内在灵魂；现代人是为了铸造自然的、自足的完美自我。不同的目的要求不同的教育制度。

同样，正如我们在下文将看到的，柏拉图和卢梭的教育制度的出发点也不同。在这点上，我们有趣地看到，哲学和教育理论来自同样的根源。柏拉图理解这种关联，卢梭也理解。在20世纪，杜威对此也看得透彻。[7]但这不是现代思想的长处——在社会科学的方法论中对教育理论和实践进行批判的专业性的关注；很大程度上，现代的社会科学已经摆脱了哲学的思辨理性。

有鉴于此，我认为，我们有必要反思催生这种教育理论和实践——下一代人是在这样的教育理论和实践中长大成熟的——的原初观念和理想。因此，热尔迪的《反爱弥儿》具有现代关联性，它带我们回到西方文化发展过程中的那个时刻，彼时现代哲学关于人性和人之生存意义的一些深刻信念，拥有了教育理论和实践的转化力量。《反爱弥儿》有助于我们看到，我们接受的教育理想和实践在过去，乃至现在

---

[7] John Dewey,《历史关系中的哲学和教育》(*Philosophy and Education in Their Historic Relations*, Oxford, 1993)。参见J. J. Chambliss的导言，页4—7。

有什么争论。

　　本篇导言接下来分成两部分。在第一部分，我先分析《反爱弥儿》的主要内容，旨在勾勒热尔迪的哲学成就。热尔迪在卢梭的《爱弥儿》中看到一个可怕的天才，看到一种思想的源流，其强大足以彻底改变西方文化的核心面貌。他把卢梭的观点与当时尚存的古典教育传统进行对照，从而呈现了他对《爱弥儿》潜能的理解。归根结底，争论的问题是截然不同的人性观念，以及这部教育著作的终极成就。这些终极的哲学观成为原理，指导着课程和教学的实际方面。我的阐释主要是为了揭示这些哲学原理，此外，我在结束时会对热尔迪的一些教育智慧略加点评。在第二部分，我会介绍一下热尔迪，将之作为哲学史上具有突出地位的历史人物。一个有趣的事实是，热尔迪在英语世界很少为人所知。因此，我会简单介绍其生平；我也将把《反爱弥儿》置于他所写的其他重要哲学著作之中，在现代哲学史的脉络中为他的思想定位。

1.《反爱弥儿》的主要内容

　　不管热尔迪反思的目的指向的是理论还是实践层面，他是把《爱弥儿》当成一部教育论著来读的。他说，《反爱弥儿》是献给对教育负责任的大人的，无论他们是父母、老师，还是政治权威，这些人都可能发现自己受到《爱弥儿》

强大修辞的影响。[8]如果今日我们这些后现代之人仍然受到卢梭的建议影响，更可能的是，这影响由既定体制和常识引发。这些体制和常识的起源，历来是历史书的关注焦点。我认为，大多数人，今日大多数拿起《爱弥儿》来读的人，都可能将之读成哲学史上一个有影响的时刻，或者值得"认真的读者"阅读的一本大书。[9]对于许多人来说，阅读这本书可能是一次返本归源的练习。但是，热尔迪的阅读不是这样：他为公众写作，不是学院派写作，他在预言性地寻找未来，不是回头寻找历史的转折点。这不是否认他是仔细的读者，或者认为他的阅读对于文本缺乏公平或洞见。事实上，我认为，他对《爱弥儿》中主导性的原理的认识和评价特别具有穿透力。某种程度上，这种穿透力来自他的实践视角。他看见卢梭的观念背后潜藏的社会后果。正如上面指出的，他原本是应某个权威人士之邀，只是写一个简单的审查报告，看看《爱弥儿》是否适合公开发行[10]，结果却成了一本书，系统阐释他自己的理论，这些理论浸透了他自己作为教

---

[8] 热尔迪在引言中说，他对《爱弥儿》的评论"为我们提供了良机，来提出和发表一些对于关心孩子教育的人来说不无益处的观念"。在结语中，他直接对孩子的父母说话，警告他们提防卢梭的诱惑性修辞，他说："为人父母者，勿为奇思妙想蒙了心窍。警惕孩子成为尚无成功先例的危险方法的实验品。……不要因为你们的自负而把他们变成追求特立独行的无辜受害人，也不要让你们带给他们的不幸在某一天给你们自己带来羞愧和绝望。"

[9] Allan Bloom是后一类读者中最著名的例子；参看他为《爱弥儿》(*Emile or On Education*, Basic, 1979)译本写的导言和做的注释。

[10] 此人的身份文内没有提及；今日学界依然不明。

师的经验。正是这种教育哲学的优越之处,提供了风洞,在某种程度上,可测试卢梭的革命性理念。结果有两方面。一方面,如果教育者把《爱弥儿》的原理谨记于心,我们对可能的伦理和社会后果,会有清醒的评估。另一方面,热尔迪自身的教育哲学内容,以一种系统的可以接近的方式呈现。

热尔迪预见的《爱弥儿》的实践效果是什么呢?他认为,《爱弥儿》的目的是"借助思维方式的彻底革命来为灵魂做准备",培育与卢梭在《社会契约论》中提出的那种革命的社会秩序相适应的公民。对于这个目的,热尔迪认为,卢梭的教育理论会成功地激发"对于宗教和社会机构的愤怒和厌恶;正是这些情绪在鼓动着卢梭,他的所有著作中也散发出这些情绪。……他会制造坏的基督徒和坏的公民"。宗教和政治的关联对于热尔迪来说至为关键。公民社会的目的,其规则和标准是自然法的天意。在《反爱弥儿》的结尾,他拒绝了这种启蒙的观念:哲学足以塑造公民身份必备的习惯和信念。他坚持认为,宗教在民族精神的形塑中具有不可替代的地位。现代有一个公论,要把宗教尽量从公共领域驱逐出去;热尔迪的观念与之背道而驰。但这里有一个严肃的问题,应该让公论暂停。热尔迪认为,哲学的自然理性没有赢得公民社会的广泛投入,致力于美德的个人秩序或正义的公共秩序。求助于博学而抽象的推理,不足以唤起团结的公共精神、恒定的动机和坚定的信念以形成公民性格。宗教回到主体的内心,甚至在不虔诚中消失,公共的精神必然会弱化。尽管后现代人宣称,没有宗教也能实现团结,但在这些断言中,除了启蒙后的自利,别无所见。[11]热尔迪的主要观点是,宗教提供了广泛接受的原因,致力于个人的仁善习惯,宣称天性本善,这些对于公民秩序来说必不可少。在他的人性观中,有着自然或天生就做好事、做善事的吁求,仅仅因为那是好的、善的,仅仅因为那种行为的简单的美,与自利无关。但是,这样的一种情感,在一个人的灵魂中,并非就会纯洁地出现;它混合了其他强大的追求自我的倾向。这是教育的主要任务,就是从灵魂欲望最初的对立性中,带出某种更有效的卓越,送给"天性本善"的吁求,带出全心全意关心他人的善,进入人与社会的道德秩序。尽管政治思想能达成对这些真理的理解,但其理由缺乏修辞力量,难以有力克服灵魂的自利倾向。如同哲学,宗教坚持认为,存在超越自利的行为,但其劝导的力量触及的是更加分散、更深层的心灵感情。

"天性本善""仁善"和"秩序"是热尔迪的人类学和社会哲学的核心术语。[12]它们的共同点是,它们是精神现实,难以压缩到实用或苦乐这些更低贱的范畴。人类事务中,如果没有它们在其中起作用,公民社会是难以想象的。一个人

---

[11] 在此,我认为罗蒂(Richard Rorty)在《偶然、反讽与团结》(*Contingency, Irony, and Solidarity*, Cambridge, 1989)中的观点是对此后现代理念的贴切表述。

[12] 《反爱弥儿》中论及"秩序"的地方,参见第4、10、11和20节;关于社会起源时期对"秩序"的天生热爱,尤其参见第11节。论及"天性本善"或"仁善"的地方,参见第3和7节。

的完美程度，取决于这些原理主宰其思想和行为的程度。这些原理中，显见的是它们内在的社会特征。它们认为人类生活中首要的、典范性的特征就是，从本质上而言，人是社会存在。正是在这一点上人本质上是社会人，热尔迪集中理论火力批判卢梭。

回顾一下《爱弥儿》中主要的展开脉络，是有用的做法。正是因为骄傲——一种成功的尺度——导师卢梭用以下的话介绍了15岁的爱弥儿："按年龄进行培养的这个孩子是孤独的。他一切都按他的习惯去做，他爱他的姐妹好像爱他的时表一样，他爱他的朋友就好像爱他的狗一样……他不知道自己的任何偏好。"[13] 换言之，卢梭教育计划的早期阶段的主要成就之一，就是阻止把社会和人际的范畴引入理性生活。年轻的爱弥儿被塑造成一个孤立的个体。[14] 他只感到自己身体的快乐和痛苦。他活在他物的世界，这些物体他只是通过感知认识，他与它们的关系只是利用关系。他人不过是他物而已，他精于操纵他们，满足自己的好奇，趋乐避苦。在《爱弥儿》的逻辑中，爱弥儿这个原子式的孤立的人，代表了一个完整的人和公民在成长过程中的一个必要的、哪怕是暂时的阶段。从16岁到24岁，经过充分的社会化，爱弥儿将变成一个完全的人和公民；这是导师卢梭在

---

[13]《爱弥儿》(*Emile*) 第4卷，第35段。
[14] 热尔迪是这样理解这种成就的："（卢梭）打算构想一个抽象的人，与任何社会机构和制度没有关系……爱弥儿必须学会只是作为一个人，因为社会解体之后，他不再是一个公民。"（第2节）

《爱弥儿》中第4卷和5卷要做的工作。

在《反爱弥儿》中，热尔迪反复回到爱弥儿这个虚构形象。爱弥儿从出生到15岁，抚养过程中与他人没有任何真正内在的关系。或许，人们可以批评热尔迪，他没有注意到卢梭在第4卷到5卷中的原理和策略——将社会范畴引入爱弥儿的心灵和行为。但是，我认为，热尔迪没有这样做，或许也情有可原，因为卢梭将教育过程分成两个主要阶段，这两个阶段之间的关系存在迷惑而巨大的张力。在《爱弥儿》的虚构逻辑中，卢梭让我们设想把一个孩子养育到15岁，要保留他身上绝对毫不妥协的自私自利。就实际和现实而言，这是不可能的。但卢梭把这场拓展的思想试验（也就是第1—3卷）当成一种机制，介绍个人独立自足的自然原理，他认为，一切历史上的制度化了的社会，都旨在削弱人的独立自主性。他认为，历史中的人总是落入成人还是成为公民这种矛盾对立性之间。一个人进入社会和文明时，他必须削减自己，必须异化自己。历史上成立的那些社会机构，都是作为工具，为削减和异化自我服务。但是，按照《爱弥儿》中的教育实践培育的人，进入按照《社会契约论》中的原理建构的社会时，其自我没有削减和异化。[15] 这里必须看见，

---

[15] 在第1卷开头那句名言中他描写了这种状态，也就是，"出自造物主之手的东西，都是好的，而一到了人的手里，就全变坏了"。理论上，这种状态是可以克服的。正是这种用爱弥儿来做的文学试验，表明这种可能的状态：一个人进入社会，可能不会改变天性。卢梭对实际社会中主导性的原理的看法，他所持有的怀疑甚至敌意，比起他乐观地认为没有受到社会影响的孩子天性本善，要更加惊人。

对于卢梭来说，正是历史社会的机构和实践，导致了个人私利和人际交流之间的冲突。这种天生的矛盾对立没有基础。与之相反，热尔迪认为，粗鲁无礼和无节制的自私自利是天生的倾向，要调节——如果说不上是要克服这些倾向——正是公民社会的事务。正如热尔迪指出的，卢梭的思想试验，如果我们可以这样称呼，导致我们屈服于一种错误的想象。按照卢梭思想试验的逻辑采取的教育实践，无论是道德上还是政治上，都会是一场灾难。

热尔迪自己的实证教育理论可以概括成如下三句话："正是通过理性，人才成其为人。理性本质上是社会机能。让一个人理性，就是让其具有社会性。"（第4节）一个人尽可能完整、完全地融入现实秩序，他的理性就趋于完美。这种现实秩序不仅包含广阔的自然领域和久远的历史，还包含一个人与社会和道德现实之间直接关系的可理解秩序。正是通过社会和道德现实，人与人之间才产生联系。因此，衡量一个人的教育，或者其培育的理性的标志，是他对共同生活的参与。下面一段话有助于理解热尔迪所说的培育的理性：

> 没有人能够只为自己而受教育，除非他的理性培养出来，因为正是通过理性，人才成其为人。理性本质上是社会机能。让一个人理性，就是让其具有社会性。因此，人不能合理地培育理性，除非通过与社会有关的锻炼。因此，没有人可以只为自己而受教育，除非同时也为他人而受教育。通过深入学习，社会将丰富他的理

解，一个人完全与社会脱节，或许会成为学问天才，但我不知道他会不会是具有强大理性的人。我们看见有些人读了许多书，有一肚子学问，但在日常生活中完全像个白痴。[16]

我们注意到，热尔迪区别了"强大理性的人"和"学问天才"。他也直接把前者作为教育的核心目的。最终，他认为，孤立或与社会脱节的自我与"强大理性"不相符。当这些理念运用于人类生活更加厚实的现实中时，可推断出，完美理性的尺度是精神上关心和享受与他人在一起的生活。用古典伦理术语来说，这意味着，通过身体力行正义和爱的美德，一个人才真正成就了自我，因为他推进了同胞的利益，享受和他们的心灵交流。这些不是新的观念，热尔迪也没有宣称是新的观念。事实上，我们可以说，他只是证明了古典教育历来受到尊重是有道理的。热尔迪自认为是教师，传承由柏拉图、亚里士多德、圣经、西塞罗（Cicero）、奥古斯丁（Augustine）、中世纪教士、文艺复兴学者、现代数学家和自然科学家们塑造的一种鲜活传统。他自己在人文学科和科学——无论古典还是现代——中的广博学问体现在《反爱弥儿》的丰富细节中。这些学问是他唾手可得的资源，供他理

---

[16] 第12节有不同的表述："理性并不是给予某一个人，让他可能获得自己的部分所需。自然把理性给予所有人，为的是他们可以学会联合起来，互助互惠，找到生活所需的一切，以一种切合人性尊严的方式生活。"

解培育的理性。正是这种鲜活的传统，定义了理性的潜力，指明了其范围和穿透力。

卢梭的教育实践将成功看成是获得没有异化的自我，与之相反，热尔迪的实践旨在实现"有连接的自我"（connected self）。[17]说到底，正如我在上文中暗示的，卢梭和热尔迪之间的理论争论是在人类学的层面展开的。卢梭看见了人的完美（哪怕只是理想），表现于个人独立和自足。[18]《爱弥儿》中一句很有说服力的话概括了他的观点："真正幸福的人是孤独的人；唯有上帝才享有绝对的幸福。"[19]因此，社会性本质上是补偿或疗救；它弥补了人性的本体缺陷。正是卢梭的天才，通过《爱弥儿》启动了教育的各种形式，目的是在社会中获得最大可能程度的自我表达，事实上这也是作为社会的目的。我认为，热尔迪的天才在于，他认识到那

---

[17] "有连接的自我"是我的表述。在热尔迪的人类学和教育学的语境中，我认为这种表述符合这种基本观念，一个统一的天命秩序将所有的现实联系起来，人在他发展起来的理性中参与了这一秩序。这个观念在《反爱弥儿》中多次出现，最显著的是在第4节和第11节。这也是他著名的研究著作《论道德感的起源》中重要的——如果说不是核心的——主题。他这个观念的邻近的哲学根源可以追溯到他研究马勒伯朗士的哲学体系和他自己理解的天命在自然和历史中的作用。

[18] 他提倡一种"幸福的平衡理论"，按照此理论，权力和欲望相等之人是幸福的，欲望超过了权力之人是不幸福的。因此，教育的任务就是获得自足，通过增加能力满足欲望，或者压制那些超越了能力的欲望，以此达到平衡。特别参见《爱弥儿》（2.16–21）。关于卢梭毫无批判地将幸福等同于自足，中世纪圣方济各的John Duns Scotus的一句话很贴切："人们也不应该奇怪，在某些自然中，存在一种达到完美的消极能力，这种消极能力比自然自身积极的因果律赋予的那种能力还强大。"

[19] 第4卷，第45段。

一决定性的时刻。他显然预见到由《爱弥儿》中的原理塑造出来的那些灵魂的品格。

至此,我已经谈了热尔迪与卢梭争论的理论维度。值得注意的是,在《反爱弥儿》的第二部分,热尔迪推荐了几种具体的教育活动,针对的是具体的课程和教学方法。在讨论学习和阅读的那一节(第24节),他区别了两类从学习中获得的善:"第一类仅仅是用学到的知识来装点头脑。第二类是通过锻炼心智机能来形成思维方式,进而拓展智力的强度和广度。"心灵装饰和思维能力的区别尤其重要,因为热尔迪认为,教育的首要任务是增强智力,扩大其范围,减少其偏见,巩固其判断。[20]

在另一席话中,他谈到了鼓励孩子养成阅读的习惯。他首先就指出了阅读习惯的好处。显然,他想到的是我们所谓的娱乐性或休闲性阅读。

> 疲惫的灵魂难以承受自身的重压。许多人刻意地逃

---

[20] "但是还有另外一群人,他们通过教育获得知识,使理性在良好的培育下得以壮大。他们的词汇范围,或者说,其思维的广度和丰富程度,使他们有能力对不同事物做出更广泛的关联,进行更准确的定义,从而更合理地进行组合。农民在谋求小利的过程中体现的判断力乃至敏锐度,与通过扎实的学习来培育心智,通过担任公职获得锻炼的人在思维上的广度和精度,哪里有可比性呢?这好比是拿体力工的粗糙技术去跟熟练技工的智慧做比较。理性要想获得完善,靠的不是思维的稀缺,而是要让思维具有条理性。"(第20节)

避自我。这些人因为没有养成阅读和思考的习惯，他们无法忍受自己，他们想要自我逃避，甚至超过了别人躲避他们的程度。

阅读在闲暇时光会起到治愈自我的作用，阅读和思考是一种乐趣，是自我认知的结果，这种观念提升了阅读的地位，不仅只把阅读看成是功利和娱乐的行为。热尔迪最后说："因此，我们必须努力激发年轻人阅读的兴趣。"在谈到该如何做时，我们看见热尔迪作为一个榜样老师的智慧和魅力。首先，他揶揄地说："假装能引领孩子们在快活中完成学业，那不过是美好的设想而已。"但那"美好的设想"立刻得到纠正，热尔迪冷静地意识到，"那些最为必要的学习活动，需要的是刻苦和自制。学习所包含的强制性在一定程度上可以降低，但是想要将其完全剔除，同时还想取得切实的进步，是不现实的"。这里，热尔迪的现实感是显而易见的，这种现实感源于他在教育孩子过程中的经验。但是，我们可能会想，繁重的严肃学习与灌注那种终生的反思性阅读习惯有什么关系。对此，热尔迪回答说："此类学习方法是无法激励儿童热爱阅读的。但是，如果采用既有趣又有教育意义的阅读方式——注意不要把它说成是学习的一部分，因为一旦这样说就会前功尽弃，而应该说这是作为他们用心学习的奖励——我们就可以取得成功。历史选段、旅行奇闻、对话录、各类印刷品、奖章、自然奇珍等等，都可以用来达到这个目的。"无疑，选择的范围会因人而异，范围很广，但关键是，区别需要努力学习的这种思维和那类自由、随意的思考。快乐、娱乐和好奇是后者的动机。但是，思考并不自动就伴随那种阅读，至少孩子们在开始的时候不是这样。热尔迪认为，这种自由阅读的内容应该是与老师交流的中介，目的是把一种秩序的尺度引入更合适成为努力学习对象的理念。因此，阅读要依附于学习习惯，"比较对象，形成组合，将之与原理相联系，从而推断结果"。阅读和交流在童年和青少年就变成习惯，超越了学校学习的考虑，旨在终生扩大理性。

热尔迪也致力反思语言（尤其是拉丁语）教学的实践，反思对于历史、地理和数学（尤其是几何）的学习。在几何学习方面，他同意卢梭的看法，一个孩子利用观察和可操作的实验，能够学会几何概念，这是很有好处的："能够做出准确的形状，把它们拼起来，叠起来，然后考察它们的关系，用这种方法来让爱弥儿自己去发现其中的知识，这是极其有益的"（第23节）。但不同的是，卢梭会压制接下来的举动，即将这些观念用"本应自然形成的定义、命题和论证"等严格的形式来处理。热尔迪则坚持认为，孩子们应在观念上掌握基础几何的系统知识。热尔迪精通数学，他指出了几何学家使用的三种不同方法。第一种方法，比如，欧几里得的几何，是以严格的证明著称。第二种方法的特色是其有序的"从简单到复合、从线到角、从角到面等等的演进"，这种方法特别"有益于扩大心智，使我们精确思考"。第三种方法"似乎最适合于激发或培育创造精神"，它提出了几何命题，回应求知的自然需要，回应探究的自发命令。热尔迪本人对于这三种方法都不推崇；他认为最好的办法是看"学生天分……以及他学习的目的是什么"。以上三种方法中任何一种都能增强学生的推理能力，理解观念的能力；这些观念若能正确理解，就是"由关系决定的观念"（第12节）。事实上，基本的推理就是组合观念，在一个人的理解之内比较事物对象，按照某些方案对它们做出安排。这其实就是"安排的能力"（第16节）。理性对秩序的探寻，自然就会延伸到判断、衡量标准和比例。这种对秩序的渴望，引向了关于真理、善和美的观念。[21]

热尔迪的学生很早就会开始学习历史（第21节）。通过历史学习，他的记忆里会塞满史实和年表，但这些细节是必要的，学习历史的主要目的是扩大理性。热尔迪认为，哪怕是孩子。

> 也有能力在一定程度上弄清楚史实的决定因素，理解其中的因果关系，分辨人物是相似还是对立，观察事件中的人物是坚守还是放弃。

卢梭的爱弥儿也会学习历史，但他要等到进入青春期之后才能学习。卢梭认为，决定史实的那些关系特别复杂，然

---

[21] 第16节旨在反驳卢梭切勿和孩子讲道理的警告。这一节最后总结的部分很有趣，里面举了很多例子，说明一个人能够，也应该和孩子讲道理。

而，热尔迪认为，那些关系特别简单，尤其是讲解它们的时候辅以诗歌：

> 还有什么比上帝子民的全部历史更能吸引哲学家的注意，更能让孩子感到新奇和受到教育呢？这里的故事丰富多变，先祖的生活豪华与简朴并现。从未有过对人类如此真实的描述。……在圣史学者的笔下，是自然在诉说和行动。……在圣史中，这些关联因素体现为至简。孩子很容易理解。不仅如此，他们能学会爱上帝和畏惧上帝。他们能学会辨识和区分人类心灵深沉的原始的性情。

在我们的时代，著名的神经学家、文人萨克斯（Oliver Sacks）说，孩子在学习几何前就学习了圣经。[22] 在热尔迪教育理论的指导下，历史更加完全地带领孩子进入他生活的

---

[22] 对比了"两种完全不同、完全分离的思想和心灵形式"，即先验图式的抽象观念的思想和象征性的叙事性的思想，萨克斯写道："尽管对于不断扩大的人的心灵来说同样自然和正常，但后者先到，具有精神的优先性。很小的孩子喜欢故事，要求讲故事，能理解故事里出现的复杂事物，哪怕他们几乎完全没有理解普遍观念或范式的能力。正是这种叙事或象征力量，赋予了一种世界感，一种用象征和故事的虚构形式创造出的实在现实。这时，抽象思维几乎什么都不能提供。一个孩子在他学习几何之前就学习圣经。不是因为圣经更简单（可以说恰恰相反），而是因为圣经是用象征和叙事的模式书写的。" Oliver Sacks，《误将妻子当帽子的人及其他临床故事集》（*The Man Who Mistook His Wife for a Hat and Other Clinical Tales*, New York, 1985），页174—175。

世界。他获得了洞察人类行为和文化起源的能力；他学会了用道德和社会范畴的术语去比较、权衡和指挥现实。通过扩大他的理性，他逐渐生活在一个道德的世界里。

在学习几何和历史方面，我多费了一些笔墨，其实，热尔迪对其他科目有同样有趣的看法。但是，显然，无论什么科目，他都认为，一个孩子能够思考，应该思考；他能够也应该获得理解观念的能力。无疑，这需要用力，学生方面要用力，教师方面也要用力，老师要抓住标准，用有序得法的方式吸引孩子的心灵。在热尔迪的教育实践中，意大利学者科尔塞蒂（Carlo Corsetti）指出的这些教育价值是显然的：有意识地尊重自然生长的节奏；确信智力开发的工具必不可少；课程和科目要尊重系统成长中的阶段性和连续性；必须有明白无误且严肃的教育目的。[23]

即便我们必须同意瓦里布雷格（Robert Valebrega）的判断——假如把《反爱弥儿》视为完整的文学作品，那么可以看到，各部分的论证不成比例，各节的安排有些破碎[24]——但其价值并不是基于其正式的文本结构。热尔迪不是在写一篇文章或论文。他没有把自己看成打造艺术品的诗人。有趣的是，热尔迪的教育哲学甚至不是他的教育哲学。事实上，

---

[23] 参见Corsetti的意大利译本《反爱弥儿》（*Riflessioni*, Rome, 1990）译序，页19。
[24] Roberto Valebrega, "Gerdil e la critica alla culture dei Lumi", 载《巴纳比会研究》（*Barnabiti Studi*），卷18，2001，页193。

他是从自己身为教师的经验出发说话的。在逐渐理解《爱弥儿》这部教育著作时,他没有把自己打造成发明家、实验师或灵知者的角色。在《反爱弥儿》中,他是代表一种鲜活的思想传统在说话。对于他来说,理性首先是社会交往的理性。如果我没有曲解他的意思,他把教师看成一个中介,不断帮助学生扩大进入社会生活的入口。卢梭是他那个时代最为雄辩的作家。针对卢梭的观点,热尔迪提出了不同的意见,他用温和的说理,令人信服地证明,教育是实现社会首要目的(即人日趋完善的社交能力)的根本手段。与浸润了启蒙自由主义哲学的社会契约论者的还原论不同,社会机构不能归结为个人利益服务的工具。相反,它们体现和表达了交流或社会的相互关系,这种交流或相互关系是人之根本利益的要素。[25]

考虑到人的内在社会本性,热尔迪提出了教育的原理和实践,来培育与人之根本社会性相适合的思想力和判断力。[26] 热尔迪担心,一个人若具有按照卢梭的《爱弥儿》的理论和实践塑造出来的判断力和理性,他会在构成我们共同生活的现实的各方面之前表现得无感、无知。热尔迪和卢

---

[25] "热尔迪极力证明社会生活完全'自然';他的论证建立在几个要点之上:'人与人之间相互交流'的必要性,没有相互交流,他们不足以维持自己的生计,也不能培育他们的智力;由此可以推论,'那样的交流并不是纯粹武断的规定',而是自然为人类的保存和幸福设定的手段。"参见 Valebrega,页136。

[26] 严格说来,热尔迪坚持认为,任何有能力的孩童都要获得正式教育;正式的教育不应该是少数人的奢侈,也不是特权阶级的娱乐。

梭都同意，教育扩大和强化了人的理性能力，人的理性用以实现完美人生。他们的不同之处在于对那种人生的理解。卢梭的爱弥儿，正如布鲁姆指出的，可能是真诚的、真实的、内向的和完全没有异化的人，但他能够热爱和服务上帝和邻居吗？如果，归根结底，宗教和爱国情怀这两种主要社交活动形式的表现都要求自我牺牲，那么，自爱，甚至卢梭的没有异化的自尊，是足够强大的理由吗？如果不是，那么，宗教和爱国情怀必须改变它们的意义。它们不再呼吁人们超越自己。[27] 热尔迪预见到了那些基本社会机构的意义的转变。在《反爱弥儿》的第一段，他指出，卢梭的教育体系的首要效果，会"激发……对于宗教和社会机构的愤怒和厌恶……他会制造坏的基督徒和坏的公民"。

2. 定位热尔迪

2.1 热尔迪在现代哲学史的地位

今日，热尔迪在英语世界很少为人所知。但他写了大量的作品，产生过广泛的思想影响。其影响的衡量尺度是，他的全集，无论是否经过了编辑，在18—19世纪，有五家出

---

[27] 热尔迪反驳自利的自足，参见第5、6节。

版社出版。[28]《反爱弥儿》用法语写成，出版之后，迅即风靡欧洲，翻译成了英语、德语和意大利语。"在几乎四分之一个世纪里，热尔迪代表了意大利思想文化界的参照点，无论是他凭能力出任大学的道德哲学和道德神学的教职，还是作为都灵科学院的创始人。"[29]纽曼（John Henry Newman）知道热尔迪其人其作。[30]研究休谟（David Hume）的学者博格（Laurence L. Bongie）在处理休谟对革命思想的厌恶时大量引用过热尔迪的观点。[31]在其内容全面的哲学史中，科普莱斯顿（Frederick Copleston）有两处顺便提及了热尔迪。[32]类似的学术引用可能翻倍，只是倍数不多而已。在意大利和法国，今日研究教育史和18世纪教会史的学者，对热尔迪的兴趣有增无减。在其生命的最后26年，热尔迪出任了红衣大主教，在罗马担任教皇庇护六世和七世的神学顾问。从政治史的角度来看，当时正值法国大革命和拿破仑征服欧洲的时期。教会的宗教团结正受到詹森派、费勃洛尼

---

[28] Bologna: P. Toselli, 1784–1791（共6卷）；Rome: Poggioli, 1806-1821（共20卷）；Naples: Diogene, 1853–1856（共8卷）；Florence: Celli, 1844-1851（共7卷）；Paris: Migne, 1863.

[29] Valebrega, 页191。

[30] John Henry Newman,《大学的理念》(*The Idea of a University*, Notre Dame, 1960), 页xl、148、359。

[31] Laurence L. Bongie,《休谟传》(*David Hume: Prophet of the Counter-revolution*, Oxford, 1965), 页36—38。

[32] Frederick Copleston, S. J.,《哲学史》(*A History of Philosophy*) 的第4卷《现代哲学：从笛卡尔到莱布尼茨》(*Modern Philosophy: Descartes to Leibniz*, Garden City, 1960), 页182、210。

派和约瑟派的攻击。

18世纪三大知识思想潮流构成了热尔迪大多数作品的背景，它们是道德自由主义，世俗主义和经验主义，以及自由主义的公民社会哲学。针对道德自由主义，热尔迪坚持天性本善和美德的优先；针对现代思想家的世俗主义和经验主义，他用一种形而上学反驳，这种形而上学主张个人的灵魂不朽，主张有神论第一原则；针对自由主义的公民社会哲学，他认为这种学说削弱了家庭和教会等社会机构的自然目的性和合理的权威性，为此，他采用前现代政治哲学的永恒洞见来矫正。在下面一段话中，意大利学者拉普尼（Massimo Lapponi）抓住了热尔迪思想的精髓：

> 热尔迪思想的动力来自强大的形而上的张力，目的是引人意识到，认知真理的能力以及遵从真理的能力在精神中占有优先性。客观真理，正因为与人之无形的智力性质相似，反过来可以证明，其起源和终点都在上帝的无穷智慧，与上帝的交流构成了人之道德生活的目的。就此而言，笛卡尔、马勒伯朗士、圣托马斯是完全一致的。从这个角度看，无神论及其必然的后果享乐主义的重大危险，是否定了形而上学和道德领域中智力的客观价值，结果也否定了善的范畴及其规范性的权威。这些否定的结果，对于人来说，就是回到自身的孤独状态，在那里追求自己感受力和效用的满足，随之而来的是美德的消失，尤其是社会美德的消失，本质上而言，社会

美德是建立在同样的真和善的秩序之上的。因此，只有在一个稳固的超验的形而上学（这种形而上学最终会带来有智力的人与上帝的交流）的基础上，而不是在脆弱的实用的前提之上，人才能够建立道德和社会秩序。[33]

热尔迪捍卫宗教的特权，捍卫超验的形而上学的诉求，捍卫公民社会天生的善，捍卫指引公民社会的权威。但他也是一个现代哲人，其灵感来自马勒伯朗士和笛卡尔。我们无论在他那里发现多少笛卡尔的倾向——追求清晰有序的观念，我们也会看见，这些思想得到广博的文史知识的补充。热尔迪挪用了现代思想，发现没有必要与过去决裂。传统意义上的现代主义哲学，是指它自我意识到全新的开始。就此而言，我们也许会说，热尔迪的现代性还不够"现代"。在他的社会和文化的哲学中，他大量引用古代的经典作家，尤其是西塞罗，但他同样借鉴了休谟和培根。热尔迪熟悉早期的基督教神学家，尤其在生命的最后几十年，他特别重视阿奎那的权威性。说他作品的特点是折中性，这是不准确的。就观念而言，他的作品有某种开放性的连贯，建立在一贯的哲学立场上，即便他的许多作品都是受到当时历史事件的刺激而偶然写成的。

---

[33] Frederick Copleston, S. J.,《哲学史》(*A History of Philosophy*) 的第4卷《现代哲学：从笛卡尔到莱布尼茨》(*Modern Philosophy: Descartes to Leibniz*, Garden City, 1960)，页123。

热尔迪对于笛卡尔哲学观的接受，需要小心加以限定。在马勒伯朗士的引导下，热尔迪挪用了笛卡尔哲学的影响。从笛卡尔，中经马勒伯朗士，到热尔迪，有一种独特的哲学传统。辨认出现代思想中的这一发展，是德尔诺塞（Augusto Del Noce）对哲学史的重大贡献。[34]德尔诺塞认为，经典哲学史提取出了一条理性主义的思想脉络，始于笛卡尔，中经斯宾诺莎，在黑格尔这里达到顶峰。在这场运动中，哲学偏离了笛卡尔的"我思故我在"，抵达了绝对的理性。现代理性主义和启蒙思想的这条主线是"作为规则的理性"[35]，按照这个学说，真理，可理解的世界，无论是自然还是历史，都是精神的产物。真理存在于精神与其自身理性的规则相符中。理性把自己当成真理的尺度和来源（我们不要将之与古典的心灵观念混淆，后者是在与可理解的对象的认同中发现自己、完善自己）。

现代哲学的这种"启蒙"脉络在建立人类理性的自足过程中建构完成。远离了自我立法的理性的决定论，人世本身

---

[34] 尤其参见《笛卡尔》(*Da Cartesio a Rosmini, Scritti vari, anche inedita, de filosofia e storia della filosofia*, Milan, 1992) 和 "Problemi del periodizzamento storico: l'inizio della filosofia moderna"，载《哲学档案》(*Archivio de Filosofia*, 1954)，页187—210。

[35] Francis Slade 在一系列文章中阐述了这个论点，比如 "Rule as Sovereignty; The Universal and Homogenous State"，载《真与善》(*The Truthful and the Good*, London, 1996)，页159—180；"Rule and Argument in Political Philosophy"，载《伦理与神显》(*Ethics and Theological Disclosure*, Washington D. C., 2003)，页149—161；"*Was ist Aufklärung*"，载《寻常之物》(*The Common Things: Essays on Thomism and Education*, Mishawaka, 1999)，页48—68。

是不确定的。社会及其机构变成"任意的'社会集体'和'特殊的利益',[现代]国家可以对它们为所欲为"。[36]个人的自由和自足受到限制,因为没有主导的法律、习俗或传统,没有最高理性的统治。必须强调,这种理性不承认有规则或尺度外在于或高于自己。现代启蒙的理性主义的内在逻辑废除了任何对于社会及其机构的假定的自然诉求。[37]就我们的目的而言,有必要指出,在这种理性主义的传统中,真理和可理解的世界本质上取决于主观的内心精神。可以说,没有人能够逃避我思故我在的限制。这种自我中心的困境(egocentric predicament)[38]似乎不可避免,随之而来的是不可避免的道德和认知的相对主义,以及一种极化的政治,一方面是自由主义对于个人自主的诉求,另一方面是非人的极权国家的现实。

热尔迪不能沿着这条发展脉络定位。德尔诺塞证明,我们可以从不同的方向偏离笛卡尔的我思故我在,正如很有影响的奥拉托利会牧师马勒伯朗士。考虑到本文的写作目的,

---

[36] Slade,《作为主权的统治》("Rule as Sovereignty"),页176。
[37] 值得强调的是,热尔迪对抑制社会现实的还原论式的汽化特别感兴趣。他认为,卢梭致力于提出基本原理,"连接其政治制度和教育理论"。在《爱弥儿》中,卢梭把社会机构描绘得相当令人作呕。他提出了如下的原理:"……(2)我们生而为人,但法律和社会将我们拉回到婴儿期。(3)依赖他人是法律和社会造成的结果,这与自然相违背,是万恶之源。(4)不可能既为自己也为他人而受教育。"
[38] 该术语为Ralph Barton Perry所创,参见《哲学、心理学和科学方法杂志》(*Journal of Philosophy, Psychology, and Scientific Method*),卷7,1910,页5—14。

我们不妨抛开本体论和偶因论这些高度复杂的、可能引起激烈反应的问题。我们只需指出，在马勒伯朗士的手里，这些特殊的学说开发出了资源，承认一个超验的存在是人的精神要服从的第一原理。而且，这些学说推崇人的自由体验，推崇人内心体验到的与富于启发的范例（也就是真理）的真正交流。事实上，马勒伯朗士挖掘了笛卡尔学说的潜力，重新发现了奥古斯丁式的柏拉图主义的思想方式。从奥古斯丁式的柏拉图主义视角及其关于洞见和范例的学说，热尔迪兼容了两种真理：一种是显现于现代科学追求中的自然真理，另一种是表现于艺术、历史和政治中的人文真理。热尔迪推进的正是这条哲学发展路线。现代哲学的这一传统的存在，从18世纪中期之后很大程度被忽略了。这是遗憾的事，因为它包含了迷人的智慧。这个传统代表了一种连贯的基督教哲学，它不同于20世纪基督教哲学的主要模式，即基督教存在主义、亚里士多德式的托马斯主义或超验的托马斯主义。

2.2 《反爱弥儿》在热尔迪作品中的地位

出于我们的目的，有必要将热尔迪的作品分为两个时期。热尔迪前期的作品包含了他的学术著作；后期的作品主要包含他的宗教著作。他的学术著作也可分为前后两期。在早期的学术著作中，热尔迪追求的是连贯一致的哲学观点；他后期的学术著作则代表了他成熟定型的思想。在热尔迪的早期作品中，最重要的两部是关于洛克的研究（1747）和关于马勒伯朗士的研究（1748）。他后期的五部作品值得特别注意，因为它们构成了连贯的发展脉络。他的成熟思想首先出现在一部论知识形而上学的成体系的著作里，其中附录了他关于宗教哲学的论文《宗教研究导引》（1755）。正是以这两部成熟作品作为背景，热尔迪针对《爱弥儿》提出了批判。《反爱弥儿》（1763）发表后不久，他又写了两部专题论著，分别讨论人类学（1769）和政治哲学（1774）。这两部作品继续以系统的方式对肇始于《反爱弥儿》的自由主义社会理论进行批判。

2.3 热尔迪其人

让-弗朗索瓦·热尔迪（Jean-François Gerdil）1718年6月23日出生于上萨瓦省的萨摩亚，其家族有出任公职和教会职务的传统。[39] 1735年，他加入圣保罗普通牧师会（更流行的名称是巴纳比会）担任神职，改名海雅辛斯·西格斯蒙多·热尔迪（Hyacinth Sigismond Gerdil）。在博洛尼亚大学学习了三年之后，热尔迪于1738—1739年在马切拉塔的巴纳比学院教哲学。1739—1748年，热尔迪转入蒙费拉托一所学院任教，出任哲学教授和学长。1741年，他被任命为牧

---

[39] 热尔迪的生平细节，参见 Lantura, 23–35 和 Pietro Stella, "Appunti per una biografis di Giacinto Sigismondo Gerdil"，载《巴纳比会研究》（*Barnabiti Studi*），卷18（2001），页7—29。

师。1749年，他被委任为都灵大学道德哲学教授。1753年，他出任道德神学的讲席。1759年，他辞去大学教职。不久，萨瓦公爵阿玛德（Victor Amadeus）任命他为两个孩子——即后来的皮埃蒙托君主伊曼纽尔四世（Charles Emanuel Ⅳ）和奥斯塔公爵伊曼纽尔一世（Victor Emaunel Ⅰ）——的导师。1773年，教皇克莱门特十四世（Clement ⅩⅣ）册封热尔迪为默存于心（in pectore）的枢机。1776年，教皇庇护六世（Pius Ⅵ）提升他为红衣枢机，并召他前往罗马。直到1802年在罗马去世之前，热尔迪担任了不同的职位，最著名的是教皇顾问。他因广博的学识、审慎的判断和谦卑虔诚的生活而深孚众望。

引 言

在《爱弥儿》(*Emile*)中,卢梭提出了与他的新立法方案密切相连的新教育方案。《社会契约论》(*On Social Contract*)旨在颠覆公民秩序;《爱弥儿》旨在借助思维方式的彻底革命来为灵魂做准备。卢梭的立法观念可能还只停留在观念层面。他的政治悖论比著名的圣皮埃尔神父(Charles Castel)的幻想还独特,其目的与其说是为了争取世人,不如说是为了震惊世人。倘若我们在这点上疏忽大意,那么或许有理由对于这种思维方式的后果感到吃惊。尽管它可能不会引人走向卢梭想要的目的,但它可能引人逐渐疏离自己为了人类利益而必须注意的那种目的。虽然卢梭不会成功颠覆当下的社会,但他容易激发人们对于宗教和社会机构的愤怒和厌恶;正是这些情绪在鼓动着卢梭,他的所有著作中也散发出这些情绪。他不会制造野蛮人,但他会制造坏的基督徒和坏的公民。

尤其是在《爱弥儿》的第1卷和第2卷,卢梭致力于提出原理，作为连接政治制度和教育理论的基石。在这两卷中，他描绘的社会机构相当令人作呕。他提出了如下的原理：

（1）对于生活在自然状态下的人来说，境况是自足的、愉悦的。
（2）我们生而为人，但法律和社会将我们拉回到婴儿期。
（3）依赖他人是法律和社会造成的结果，这与自然相违背，是万恶之源。
（4）不可能既为自己也为他人而受教育。
（5）任何一个人，即使是他的父亲，也没有权利命令孩子做对于他一无用处的事情。

如上原理构成了社会契约论的基础。在《爱弥儿》中，卢梭根据它们推导出了人生第一阶段行为的实用规则。这些规则决定了教育的整个过程。

本书旨在审视这些原理和规则。在挑战卢梭提出的悖论时，我们还设法按照更可靠的原理——这些原理与人类精神、家庭和谐、国家安宁和人民利益更加一致——确定教育理论和实践。我们并不想驳斥《爱弥儿》中应受驳斥的一切。批判这本书甚至不是我们的首要任务。只不过它为我们提供了良机，来提出和发表一些对于关心孩子教育的人来说不无益处的观念。在最开始，我只打算回应抛给我的这个问题，也就是，《爱弥儿》的第1卷中是否包含了违反宗教和道德的内容？但是，随后，在重审我对此书的反思要点时，我注意到，我反思的要点是相互关联的，可以按照先后顺序落笔。结果就写成了本书，正如书名所示，我力求包罗和统一所论及的对象。如果本书碰巧落到卢梭手中，我们应请求他阅读一下。他会看到自己的观点受到不带敌意或怨恨地驳斥。或许，反思之余，他会意识到自己说的并不总是对的，毕竟他并不总能自圆其说。

对于那些可能极力为卢梭辩解的人，我再补充两句。若只证明卢梭强调的东西和怪罪于他的东西完全不同，这显然不够，因为这只能证明他经常自相矛盾。我们暂且不管卢梭的自相矛盾是因为天性的反复无常，还是自有其良好的借口。我们仍有必要证明，怪罪于他的东西，要么他没有说，要么恰如其分。

第一部分
关于教育理论基本原理的反思

1. 卢梭的诱导修辞

阁下，你问我在《爱弥儿》的前两卷中是否发现任何有违宗教和道德的内容，我为此深感荣幸。此前我只粗略读过此书，现在我要仔细重读。我要记下卢梭信笔写下的对事物特定看法的段落。这些看法把读者逼到角落，要在他和别人之间做出选择。《爱弥儿》主要的特征是推理风格。在我看来，卢梭的风格独特而新颖，为他赢得了大名。事实上，这种风格之独特而新颖，遭到了达朗贝尔（D'Alembert）的批评。达朗贝尔一针见血指出：

> 你的哲学特点是推理过程的坚定和无情。你的原理一旦设下，结果就水到渠成。如果你的原理不令人信服，我们便更觉难受；但不管多么不幸，都不足以让你再看一眼你的原理。不曾担心有人反对你的悖论，你预

见到这些反对意见,用新的悖论来回应。

我不打算全面反驳这部名作。要想与雄辩的名声争胜,就需要用雄辩针锋相对。卢梭知道时代口味;他知道刚劲有力表达的价值。他在用接近毁灭的力量威胁欧洲吗?他的预言似乎完全实现:"欧洲将来是遍地猛兽,因为它不能极大地改变居民的这种做法。"[1.45][1]卢梭清楚,与之一起生活的许多老实人,不是熊,也不是狼,但一种新奇大胆而鲜活的思想,比单调冷静的理性产生的效果强大得多。方案的端正,设计的正确(或更好的说法,真理性),比例的正当,会决定一件作品在公众中更好的那部分人中的价值,这在今日是罕见的。今日起决定作用的东西是色彩的艳丽。卢梭激情洋溢的言论,带着想象力的翅膀,穿透和提升了他的灵魂,让读者震惊。读者会问,他会耐心地容许我们证明,他着迷的东西不过是幻觉,他在错误地鼓掌欢呼那些让他如此愉悦迷恋的东西吗?因此,我满足于简单地阐明我在阅读《爱弥儿》时脑海里激起的反思。我的目标不是其他美德,而只是正义和常识。这些品质虽不出色,但并非无用。

---

[1] 正文夹注均为译者所加。夹注和脚注中凡出自《爱弥儿》的注释信息,置于方括号之中,如[1.2],表示"《爱弥儿》第1卷第2段"。有关《爱弥儿》的中译,部分采用了李平沤的译文(特此鸣谢),部分则根据语境自译。——中译者注

2. 爱弥儿是不真实的人物

在记录下反思之前，我先概述一句：卢梭承认，他的教育方案包含了许多在这个世界上不能兑现的条款；这与今日的情况不同。这是他自己提的一个反对意见，对此他的回答是，如果人们通过恶劣的制度败坏了一切，这不是他的错。假使人们毁灭了一切，假使卢梭重新恢复了一切，这当然很好；但这与当下的问题无关。尽管我们期待这个世界的变革，但这样一种教育方案——理论上或许对这个世界有好处，可实际上在许多方面却不现实——有什么用？〔序，6-8〕为了给出这种奇怪的方案，会不会是这样：爱弥儿源于卢梭脑海里早就生成的形象，正如古罗马神话中的密涅瓦（Minerva）诞生于朱庇特（Jupiter）的头颅？

卢梭承认，在当下的事物状态中，如果一个人从出生后就抛给自然，不像其他人那样养大，那么他会发现自己在世界上格格不入。〔1.2〕现在，考虑卢梭所说，他的方案与事物的实际状态不可能调和，我们还没有理由担心类似的不良后果吗？我们要是全盘接受他的方案，会不会有竹篮打水的危险；我们要是只拥抱其中的一部分，会不会有什么危害？[1]

卢梭的方案似乎只考虑到爱弥儿作为人的境况；他打算

---

[1] 这也是卢梭在序言中的观点，在那里，卢梭写道："因为这样一结合，好的就变坏了，而坏的也不能好起来。我宁可完全按照旧有的办法，而不愿意把好办法只采用一半，因为这样，在人的身上矛盾就可能要少一些。"〔序，6〕——作者原注

构想一个抽象的人，与任何社会机构和制度没有关系。抚养爱弥儿，不必考虑他长大了是做士兵、教士还是律师，只是要他完成人生目的。[1.29]卢梭想象，他虚构的人肯定更适应各种各样可能进入的生活状态。这就好比我们想塑造一个普遍或抽象的艺术家，不用考虑他是否从事绘画、雕塑或建筑。这样一个抽象的艺术家可以媲美拉斐尔（Raphael）、米开朗琪罗（Michelangelo）或帕拉迪奥（Palladio）吗？我相信，无论如何谈论卢梭笔下这个抽象的人，我们会发现，要把他变成勇敢的士兵、虔诚的教士或干练的官员，是件难事。卢梭没有否认，某些情况下教育孩子长大后在社会上从事某个职位，这可能是合理的；但谁知道他是否可能占据那个位置，"既然这个时代动荡不安，一切都变动不居"？[1.32]因此，他必须相应地为一切后果做好准备。爱弥儿必须学会只是作为一个人，因为社会解体之后，他不再是一个公民。难道没有人想象，我们即将遭到鞑靼人蹂躏，正如卢梭在《社会契约论》（第2卷第9章）中的预言？诚然，这个世界不像它应然的那么好，但欧洲很可能在很长一段时期内继续保持它现在的状态。为了阻止更大的伤害，最好莫过于教育孩子长大后占据社会中的某个位置，因为一个合适定位的人，可能会做许多好事，避免做一些坏事。

卢梭写道：

> 有一个人，我只知道他很显贵，他曾经请我去教他的儿子。这当然给了我很大的荣耀；不过，他不但不应

该怨我拒绝了他的请求，而且应该因我的谨慎从事而感到庆幸。如果我接受了他的请求，如果我在我采用的方法上走错了路，那么，即使去教也是要失败的；但是，如果我成功的话，其结果可能更糟糕，他的儿子也许将放弃他的头衔，再也不愿意做公爵了。[1.71]

如果卢梭打算用讽刺来逗乐我们，我会马上承认，这席话与罗马诗人尤维纳利斯（Juvenalis）的讽刺一样漂亮。但说真的，要是请他去做或奥勒留（Marcus Aurelius）或提图斯（Titus）的老师，看他成功剥夺人类的成果，剥夺他们的榜样、美德和善行，我们还会为他鼓掌喝彩吗？

3. 对立性是不是人的原初本性的一部分

我们来看卢梭的原理。他是这样开始的：

> 我们生来是软弱的，所以我们需要力量；我们生来是一无所有的，所以需要帮助；我们生来是愚昧的，所以需要判断的能力。我们在出生的时候所没有的东西，我们在长大的时候所需要的东西，全都要由教育赐予我们。[1.5]

我们暂且接受这个原理。它推导出的结论是，人为他人而存在。自然为了保护其成果而采取的方式，无疑是自然的计划及其终极目的的一部分。没有成人的帮助，幼儿难以生存；因此，这种帮助属于自然的计划，而且，成年人注定要帮助幼儿。一方需要帮助，另一方有能力帮助，这就形成了一种关系——这种关系是自然的意图——把人们相互联系起来，引导他们进入社会。我承认这开头的原理，我也相信它推出的结论是正确的。人有自然的关系将他们绑在一起。因此，孤立的人不是自然的人。

卢梭接着写道：

> 这种教育，我们或是受之于自然，或是受之于人，或是受之于事物。我们的才能和器官的内在的发展，是自然的教育；别人教我们如何利用这种发展，是人的教育；我们对影响我们的事物获得良好的经验，是事物的教育。所以，我们每一个人都是由三种教师培养起来的。一个学生，如果在他身上这三种教师的不同的教育互相冲突的话，他所受的教育就不好，而且将永远不合他本人的心意；一个学生，如果在他身上这三种不同的教育是一致的，都趋向同样的目的，他就会自己达到他的目标，而且生活得很有意义。这样的学生，才是受到了良好的教育的。[1.6—7]

按照卢梭的说法，这三种教育必须汇聚的目的不过是自然的目的。因为他说，这三种教育要完美，就必须保持一致，因此，不在我们力量范围之内的那种教育必须约束另外两种教育。

现在，需要解释一下自然的本性。有人说，自然就是习俗；卢梭正确地驳斥了这种站不住脚的观点。他用下面一番话阐释了他的观念：

> 我们生来是有感觉的，而且我们一出生就通过各种方式受到周围事物的影响。可以说，一意识到我们的感觉，我们便希望去追求或者逃避产生这些感觉的事物，我们首先要看这些事物使我们感到愉快还是不愉快，其次是要看它们对我们是不是方便适宜，最后则看它们是不是符合理性赋予我们的幸福和美满的观念。随着我们的感觉愈来愈敏锐，眼界愈来愈开阔，这些倾向就愈来愈明显；但是，由于受到了我们的习惯的遏制，所以它们也就或多或少地因为我们的见解不同而有所变化。在产生这种变化以前，它们就是我所说的我们内在的自然。[1.12]

按照卢梭的说法，影响我们决定的有三种倾向或者三种自然原理。首先是感觉是否愉快；其次是看事物对我们是否适宜；最后是看是否符合理性赋予我们的幸福和美满的观念。这大致就相当于古人所区别的愉悦、有用和善好。这三种倾向或性情，在对它们进行改变之前，就是卢梭所说的人之本性。

因此，他在人的本性中认识到那种对立性是必然的；人的本性独立于他的存在，这种存在无论如何是夹杂了意见或偏见的；那种对立性，甚至让最有智慧的异教哲人都大为吃惊。这是一种真实的经验，愉快的感觉往往促使我们去追求对我们毫不适宜的事物，追求那些不符合理性赋予我们的幸福和美满的观念的东西。正是这个原因，柏拉图才说，愉悦是万恶之源，愉悦是诱饵，引人如同鱼儿一样上钩。柏拉图的判断折射了先前世代的经验，他身后的世代也不过是一再印证他的判断。

我们还必须注意，按照卢梭的观点，这些性情扩展或强化到一定地步，我们会变得更加明智和开明。因此，他先前提到的那些器官的单纯发展，足以增加人的感受力，但不会使他们更加开明。在生命第一阶段的影响下，人发现自己具有最大限度的感受力。任何人可否说，在此阶段，理性获得了足够的光亮和力量，可以约束过度的感受力，并按照理性赋予我们的幸福和美满的观念，对之做出正确的指导？从这可以推论，如果任其所是，自然必然会变得邪恶，因为我们做决定［倚仗］的那些作为动机性力量的性情或倾向，其增加是不平等的。这种源于愉悦感受的倾向，迅速获得了最大程度的力量；这种倾向能够将人彻底带入毁灭的深渊。与之相反，源于真正适宜的事物，或者符合理性赋予我们的幸福和美满的观念的那种倾向，自身发展缓慢，即便它可能是人之行为最为必要的那种性情。

总之，生命第一阶段的自然状态是太多的感受力和太少的判断力。这种有害的不平等几乎是一切无序和邪恶的根源，因此，它为我们指出了教育应该提供的解救之道：修剪一方，补充另一方。这才是一个睿智的教师应该观照的东西。西塞罗（Cicero）认为哲学的艺术是灵魂之药。同样，我们不妨说，教育就是按照幼儿期的需要合理运用这门艺术。

因此，在人的倾向中，有一种真正的对立性。这种对立性应该是教育的主要对象之一。这种对立性来自那些原始的性情，按照卢梭的说法，那些性情构成了人的本性。

卢梭告诉我们，"我们把这一点作为不可争辩的原理，即本性的最初冲动始终是正确的，在人的心灵中根本没有什么生来就有的邪恶"。[2.63]我们的回答是，这一原理与启示相悖，与经验相悖，它与其先前设定的原理也不一致。因为事实上，那些源自是否愉悦的感觉的倾向，随着那些感觉能够赋予它们的力量迅猛生长。因为它们不能被理性约束或节制——理性在生命的第一阶段太脆弱——所以，习惯养成了。理性在进一步启蒙之后，只会反对这些习惯，只有用更大的努力才能克服这些习惯。[1]

至于为了指导教育，卢梭从这个原理出发进行推导的实际后果，我会在后面谈到。在此，我们完全有理由说，很少有好人因他们在幼儿期遭到驳斥和纠正而不高兴。

---

[1] 在其作品接下来的部分，卢梭的确承认，即便还在哺育期的儿童也的确有"这种易于激动和愤怒的性情，是需要十分小心地对待的"。[1.153]这种性情不是邪恶教育的结果；婴儿生来就带有这种性情，但这种性情是邪恶的。既然如此，卢梭的这句话是否与他最喜欢的原理——"本性的最初冲动始终是正确的"[2.63]——相矛盾？——作者原注

4. 自我是否从一开始就得到命令向他人的自我看齐

因此,必须把一切都归因于这些原始的倾向;如果我们所受的三种教育只不过是有所不同的话,这是可以的。但是,当三种教育彼此冲突的时候,当我们培养一个人,不是为他自己,而是为了别人的时候,又怎样办呢?这样,要配合一致,就不可能了。由于不得不同自然或社会制度进行斗争,所以必须在教育成一个人还是教育成一个公民之间加以选择,因为一个人不能同时被教育成这两种人……自然人完全是为他自己而生活的;他是数的单位,是绝对的统一体,只同他自己和他的同胞有关系。公民只不过是一个分数的单位,是隶属于分母的,它的价值在于他同整体,即同社会的关系。[1.13, 15]

[第一条反对意见——逻辑问题] 这个结论在我看来非常奇特,我不明白它是如何从先前的原理推导出来的。卢梭提到的原始倾向或性情,首先建立在感觉是否愉悦上,其次建立在事物是否适宜上,最后建立在理性赋予我们的幸福和美满的观念上。在所有这些倾向中,有任何东西阻止我们为了他自己或为了他人教育孩子吗?

[第二条反对意见——自然人的需要暗示了天生的社交能力] 独处的人不是自然人。根据卢梭的原理,这在上面已得到证明;卢梭的原理证明,没有他人知识和力量的帮助,

人不能为自己提供需要，不能获取生活的便利，不能完善自己的判断。自然没有赋予人任何特别的本能，但给了人理性，作为技艺的根基，弥补本能的匮乏。借助理性，人征服其他动物，使大地服务于他的需要。但要是没有社会帮助，理性也不能实现这些效果；民主国家只会为自然社会添加必要的秩序。如果人是为社会而生，那么他不可能为了自己而培养好，除非他也是为了他人而培养。事实上，教育应该促进人们各种机能的自然发展。但这些机能，与他人存在一种自然的关系，只有在社会中才能充分发展。把人与社会隔离开来，要求他发挥自然的机能，如同让眼睛看不到光，却要求眼睛发挥看到物体的机能。[1]

[第三条反对意见——人是在道德环境中成长的]世界上的一切东西都是有联系的。由此可以得出，一切东西不仅依靠内部的构成，还依靠行为和反应的关系，这种关系将事物和周围的事物联系在一起。切断世界上某部分和其他部分的关联，你便立刻将之变得不自然。在气泵的真空中，火会熄灭，植物不再生长，动物丧失了行动、呼吸，甚至生命。这个世界不是无穷的自然体的集合，彼此的产生没有任何关系，只是偶然聚合。一切都是整体的一部分，都与整体相连；一切都是天命的作品。正如在物理世界，物质各组成

---

[1] 关于社会的好处，这个地方所说的，绝非要反驳出世的宗教人士。那些逃离腐朽时代的人，仍会团结成一个信徒的社群，他们以其榜样进行教化。——作者原注

部分要是失去了把它们连在一起的关系，它们也就失去了活性，同样，在自然生来填补道德世界（也就是社会秩序）中位置的人，若打破他们相互联系的纽带，只会违背天性，就无法运用最高贵的能力，也就是从人际关系或相互之间义务中获得的能力。因此，人在为自己而受教育时，同时也是为他人而受教育。

［教育作为行政性的艺术］但"一个人不能同时被教育成这两种人"，卢梭说。我宁愿说，没有他人，人成不了自己。自然的产品不像某些艺术产品。雕塑家不能同时雕刻雕像的手脚。但自然的运行，正如其产品的成型，是同时延伸到整体的。只要你愿意，教育或许可以称为艺术。但它只是纯粹行政性的艺术，因为它不创造任何东西。如果一个园丁，负责栽培一株幼小植物，他会仔细将其移植到最适合的地点，浇水，保护它免受任何伤害，免受酷热或寒霜。如果这株植物在生长过程中弯曲，他会出力扶正；他会毫不迟疑地剪掉无用枝丫，免得改变宝贵树液的流向，影响发育和结果。这个园丁什么都没有创造：他所做的是将干扰自然运行的一切拒斥在一定范围之外。正是自然促使幼株生长，自然的行为延伸到幼株的各个部分。

［理性有社会性］用园丁来打比方——这种对比常见而公道——巧妙地暗示了教育者必须从人的幼年时期就关心机能的发展。没有人能够只为自己而受教育，除非他的理性培养出来，因为正是通过理性，人才成其为人。理性本质上是社会机能。让一个人理性，就是让其具有社会性。因此，人

不能合理地培育理性，除非通过与社会有关的锻炼。因此，没有人可以只为自己而受教育，除非同时也为他人而受教育。通过深入学习，社会将丰富他的理解，一个人完全与社会脱节，或许会成为学问天才，但我不知道他会不会是具有强大理性的人。我们看见有些人读了许多书，有一肚子学问，但在日常生活中完全像个白痴。

［第四条反对意见——来自新世界土著的人类学证据］乔治·朱安（George Juan）和安托内·德乌洛阿（Antonio De Ulloa）在《南美游记》（*A Voyage to South American*）中对基多地区印第安人的生活有精彩描述。根据他们的记载，基多地区的印第安人恐怕是世界上最关心自己、最不关心他人的种族。这些印第安人是自然人；他们只为自己生活，只关心身体的需要。他们对官职的荣耀漠不关心：无论是做治安官，还是当刽子手，这些印第安人都冷漠接受。利益对于他们没有影响，因为他们拒绝做举手之劳的事情来交换最大的补偿。他们一动不动地坐在小火堆旁，看着老婆干活。迷路的游人难以劝动他们改变姿势，给他引一条哪怕短短的路。他们唯一不会拒绝的事情是自娱自乐，开怀纵饮。他们喝醉后，全都躺在一起，男男女女，没有区别，毫不在意睡在旁边的是他人的妻子、自己的姐妹还是女儿；在这些场合，一切义务都抛之脑后。

会不会有人说，这不就是卢梭《论人类不平等的起源》（*Discourse on the Origin and Foundations of Inequality among*

Men）中提到的自然人吗？但是，根据乔治和安托内这两位博学的西班牙人的记载，这些印第安人虽然没有被公民教育败坏，在他们机能的发展过程中，只受自然的塑造，但倘若我们认为他们只是人，他们也没有获得任何好处和优势。

> 如果被认为是人类的一部分，他们狭隘的理解力似乎与灵魂的尊严相冲突；他们如此愚昧，有时候我们难免会冒出这个念头，他们真的是野兽，甚至没有我们在野蛮人身上看到的那种本能。（《南美游记》，1752：402）

或许，我们会将这种堕落归因于恶劣的气候，我也不怀疑，气候可能是部分原因。但将一切都归因于气候，正如认为任何东西都不受气候的影响一样，同样没有道理。只是在近代，我们才给这场争论带来某些新见，将这个问题作为两个极端之间的选择。这个问题在所有时代都会遇到。但无论气候对于秘鲁的印第安人的性情有多大影响，他们的例子提供了证据，证明公民教育在多大程度上可以纠正其影响。因为乔治和安托内指出，基多地区印第安人的孩子若在城里长大，就与其他人一样有理性，其本性则与秘鲁其他地方的人大不相同。此外，他们还说，那些没有开化的印第安人，无论生活在多么不同的广大区域，他们几无任何区别。基多的印第安人并不比瓦勒斯或利马的印第安人更无知或愚昧；他们也并不比智利或阿劳科的印第安人更聪明。但在这些印第安人中，他们的生活气候是多不同啊！因此，我们看到，缺乏公民教育对生活在不同气候的所有印第安部落都有同样的影响；对于生活在同样气候中的印第安人而言，教育能够提升那些接受了教育之人，摆脱没有接受教育的那些人所处的普遍野蛮状态。

乔治和安托内继续指出，学过西班牙语的印第安儿童从中受益很大。他们不认为这是因为西班牙语可以激发他们的理解力，而是因为他们可以用之与欧洲人交流，因此从后者的理解力中得益。

> 我们是否经常在我们中间看见一个孩子，除了母语，没有别的帮助，每天与聪明人交流，获得一些新知识？我们是否同时看见另一个学习了其他语言的孩子会具有更多的优势？他肯定比前者在理解力和知识上高出许多，仅仅是因为他受的教育更好。（《南美游记》，1752：419）

[第五条反对意见——来自古希腊人和古罗马人的证据] 古人根本不知道卢梭在为自己受教育和为他人受教育之间做的区别。古人不会认为，自然人是"数的单位"，公民是"分数的单位"。[1.15] 但是，在同时教育人和公民这件事上，他们做得并不差。在异教徒之中，我们在哪里可以找一个人能够赶得上苏格拉底，配得上既是人也是公民？苏格拉底的品质特征是见解清醒，能够认清事物的本来面目，这种品质比我们能够想到的其他品质更加宝贵，这是纹丝不动的镇定，是对于天下所有人的仁爱。我说的仁爱，不是指人们

倍加赞许的抽象仁爱。抽象的仁爱不需要任何花费，因为爱的是抽象的人。我说的仁爱，是爱生活中的每个人，哪怕他们有各种各样的缺点。那样的品质是苏格拉底身上的品质，这些品质使他成为一个完美的公民。阿里斯提德（Aristides）在解释为什么不采纳忒米斯托克勒斯（Themistocles）的计谋时说，这计谋是不义的，即便它对雅典最有利。这就是关于全人类的正直例子，阿里斯提德堪称公正的人。但是，当雅典的战事陷入困境时，阿里斯提德不顾个人安危，跑去帮助忒米斯托克勒斯：这里，他证明自己是好公民。法布里克斯（Fabricus）惊恐地拒绝了皮洛士（Pyrrhus）国王的御医的提议，后者要求他去毒杀罗马人的这个大仇人：法布里克斯是诚实的人。古人相信，培育一个人，就必须让其具有德行，有德行的人只可能是好公民。因此，他们难以想象，一个人不能同时做一个人和一个公民。[1]

［第六条反对意见——违背了基督教的教育］最后，卢

---

[1] 在《爱弥儿》的一个地方，卢梭说："难道说我们对亲人的爱不是我们对国家的爱的本原！……难道说不是首先要有好儿子、好丈夫和好父亲，然后才有好公民！"［5.23］这难道不会成为反对卢梭自己的观点吗？一个人不可能合理地为自己受教育，如果不努力使他成为一个好儿子、好丈夫和好父亲。绅士都承认，要使一个人为自己受教育，就是设法使之成为一个理性的人；这不可能做到，如果他身上没有培育这些首先使他成为好儿子，在合适的时间成为好丈夫和好父亲的那些性情。这些性情，按照卢梭的说法，也能够塑造好公民。因此，如果是这样，一个人不可能为自己受教育，如果不能同时也为他人受教育；这个观点——"不可能同时培养一个人和一个公民"——当然是没有根据的。——作者原注

梭的观点似乎违背了基督教会的原理，基督教教导我们，要在责任活动中教育孩子，他们应该对社会其他成员承担责任。

5. 自利是不是伦理社会关系的充分基础

"好的社会制度是这样的制度，它知道如何才能最好地使人改变他的天性。"[1.15]这条原理似乎是一套完全不符合卢梭品味的哲学体系的自然结果。如果身体的感受力是我们灵魂的唯一基础，如果这是我们一切行为的动机，如果贪婪、虚荣，甚至野心都有它们借自身体愉悦的力量，如果英雄的勇武只是想取悦女人，如果个人利益是维系个人和社会的唯一纽带，如果正义只是一种对社会（我们与这个社会的联系纯粹是出于个人利益的动机）有用的气质，如果所有的行为与个人的利益无关，本质上是冷淡，后来，按照建立在自利基础之上的社会的急切需要变成了美德，如果，相应地，一个人谋杀友人或者打死一只虫，只是冷漠问题，换言之，**如果没有与普遍人性相关的绝对道德正直**，那么，为了把一个人变成公民，必然要改变他的天性。公民有义务为祖国献身。我们如何调和这种义务与归根结底将一切都减缩为感官愉悦的制度？用什么方式，自我保存或喜欢享乐能够促使一个人为了社会——这个社会的保存在他死后对他没有任何利益——牺牲自己？

但卢梭相信美德。按照他的说法，美德不是没有意义的词汇，不是唯心观念。美德是灵魂的真正完美，拥有了这种完美的灵魂，对于人类幸福至关重要。这些基本的性情倾向——卢梭设定为完美行为的如此多的自然原理——不仅建立在愉悦的感觉之上，而且建立在理性赋予我们的完美和幸福的观念之上。如果卢梭将自己限定在愉悦的感觉之上，那么我承认，为了将人变成公民，应该改变他的天性。但卢梭补充的东西，关于完美和幸福的观念，无法推导出这个结论。要成为公民，只有美德是必要的。但美德是人的完美，人自然热爱完美。

6. 热爱荣誉和迷恋完美是天性

据说，人并非如当下流行的理论宣称的那样，只为感官愉悦和粗俗利益所吸引。精神完美的观念令他更为动心。人喜欢天才、学问、洞察力和记忆。不具备这些天赋的人希望拥有这些天赋，如果傻瓜根本不想拥有，那是因为他们认为自己早已拥有。有这些天赋的伟人，希望拥有更多的天赋。达朗贝尔很有理性，他说，人在荒岛上，研究几何就会心满意足，因为会看见自己心智的成长。

这种完美的观念远非是幻想。荣耀感依靠它，或者不妨说，就是其形式，这足以证明它真实存在。荣耀感来自那些品质，使我们在自己眼里值得尊重，让我们值得他人尊重。人可能从感官愉悦中获得满足，但不会把感官愉悦看成能获得同人尊重的品质。可以肯定，在世上所有国家，人要是仅凭愉悦的感觉，就认为自己很光荣，获得了他人的尊敬和尊重，他一定会被当成妄人。这必然证明，人只会把荣耀的观念用来形容他们认为值得尊重的品质，因为这些品质使拥有者比他人优秀。有些野蛮或堕落的民族将善饮视为优点；但这种光荣与品尝到口中的琼浆时体验的感觉没有关系。相反，他们认为善饮是身体强健的标志，足以抵御激战的疲乏。酒色之徒会为自己善于鉴别美食而自豪。但这种自豪不能用来形容暴饮暴食，因为他幼稚的虚荣对象不过是美味而已。因此，虽然抵制不了堕落风俗和观念的影响，但荣耀感只可能关乎那些通过种种方式与人之完美观念有联系的品质。

这种荣耀感比起其他情感更容易受到活力的影响。似乎自然赋予了它如此多力量，为的是让人对自身的完美更有兴趣，诱导他们在某些时候牺牲便利的欲望、愉悦，甚至生命。关于完美的观念，主要的东西不应该误解，我们必须为自己形成这种完美的观念。

我们且看博学之士高乃依（Corneille）。他一生勤学，用功苦读，他读这么多书，是为了感官愉悦还是希望获利？远非如此。他经常学习，不惜牺牲身体，损失财富。在沉思发现的真理时，他感受到内心的满足；也不妨说，渴望得到承认是鼓励和维系他继续苦读的动机。对于发现真理的权利，即便是王冠，他也不会置换。高乃依清楚，他从具有王者心灵的慷慨首相、红衣主教黎塞留公爵（Richelieu）那里可以得到什么。但高乃依的高贵灵魂，更加自豪的是他写下了《熙德》（*Cid*），而非用来与之交换的财富和荣耀。黎塞留的急切和高乃依的固执，足以反驳现代哲人伏尔泰的观点：人类的一切欲望都以感官愉悦为中心，除此之外，无论想要什么，我们只是想要它作为获得感官愉悦的手段而已。高乃依知道，要满足感官愉悦，金钱比诗歌更有用。黎塞留在名利的巅峰时刻，为全欧洲所尊重，法国听命于他，他真是一人之下，万人之上。在权力名声的光环下，他拥有的一切，难道不足以吸引人来奉承他？但高乃依绝不会受到诱惑，放弃他才华铸就的最辉煌丰碑；而黎塞留只好承认对手的才华要高一筹，感觉失了颜面，因为对手拒绝承认他虚荣地以为自己在那样一部值得崇拜的作品中占有的一份荣耀。我不认为，黎塞留想像将他人的诗作归为自己名下的剽窃者一样将《熙德》据为己有，或者像某些教士那样，布道的内容不是自己的创作。更可能的是，黎塞留有时和高乃依一起谈诗论艺，所以会认为对方的思路受了他的启发，从而觉得自己有权占有对方创作的一些篇什。但即便是这样，这种情形似乎也证明，一个人对于那些导致自己精神完美之物的感情，他在自己形成的这种完美的好感中体验到满足，看见自己在这件事情上的意见得到他人的印证，由此产生的愉悦，这些都是根植于自然的感情，它们带来的满足立刻触动灵魂，与任何感官愉悦或公民利益都无关。

7. 心慕美德是天性

如果具有才华、天赋、学问，以及所有能让人的理解力完美的品质，能够带来那样美妙的愉悦，那么，拥有美德的好人感受到的是什么满足？什么愉悦能够与他享受的安宁平静并论？什么珍宝能与正义的良心等价？我们暂且思考一下仁慈。这个字眼被圣皮埃尔神父反复提及，实在是太美丽的字眼，我们不得不接受。还有比有能力行善更愉悦的感受吗？观察一下灵魂蒙上羞耻，时刻为贫穷所逼之人；他倦怠的眼神和沮丧的表情，昭示着黑色的忧伤压迫着他，撕咬着他。你的慷慨能把他从苦难的深渊拯救出来。你能驱散他的痛苦。甜蜜的愉悦感冲入他的灵魂，惊醒他的灵魂，使他的灵魂变得活跃。他原本倦怠的眼睛重新焕发光彩。他紧皱的额头松开，脸上重新出现尊严。因为你的仁慈，他获得了新生。还有任何幸福可以与你的幸福相比吗？西塞罗说，这是美丽的一幕，看见一个人凭借雄辩的魅力，迷倒一大群听众，似乎只有他才值得倾听。但更美丽的一幕是，一个人关心家人、邻居、国家的安全、宁静和幸福，保家卫国，力挽狂澜。赫拉克勒斯（Hercules）和忒修斯（Theseus）两人配得上英雄称号，与其说因为战绩，不如说因为善行。将英雄称号加于只会蹂躏大地面貌的征服者，这是无用的虚荣。阿基琉斯（Achilles）只知道战斗，他不是英雄。英雄的庄严称号只保留给人类的恩人。

因此，美德能够在灵魂中产生愉悦感和满足感，能够使自己被人爱，独立于其他的考虑。西塞罗谴责享乐之人不愿意区分愉悦的类型，这不无道理。善行会带来愉悦，我们在行善时会发现这种满足；有些愉悦是做善事和有善行之美名可能给我们带来的预期好处。有些人否认人类行为的内在道德，认为一切东西都与其本性无涉，就是这样的情况。

对于那些担心忤逆某些观念——遗憾的是，这些观念业已成为大家公认的观念——的人，我们不可能表示认同。他们不敢偏离他们从某些聪明人那里听来的言行，这些聪明人把美德的价值建立在一言一行都要趋利避害、少惹麻烦之上。要是这样来看待美德，无异于商人来做算术；商人按商品的用处来标价，因为这会让账本清楚，便于管理。但数学家，除了认识到算术的用途之外——算术对他来说可能与对商人一样有好处——还在数学定理中看到真正的美，内在于它们包含的真理；他投身于这种美，因为他在自己精神滋养的过程中找到了满足。美德和算术一样值得尊重。美德在人生的各种境遇中为我们提供资源。美德的用途无可争议，但把美德的好处局限在我们从中可以得到利益，这对美德的价值不公平。仅仅因为美德有用，能给我们好处，带着这种目的来发扬美德，这无异于商人热爱数学，因为用算术可以搞清账目。正如商人配不上数学家之名，沽名钓誉之人也配不上有德之人的名声。只有像数学家在解决数学原理的过程中感受到满足，追求美德的人在追求的过程中有类似的感觉，他才有成为美德之士的天性。

这是可悲的现象，基督教哲人在立下美德原理时，没敢提内在的善。可能是考虑到，对于所有相信上帝的人而言，什么是内在的善，难以回答。如果你是哲人，那请告诉我，上帝会把撒谎、背信、弃义、叛变、伪证、忘恩、负义或有失耐心，当成真正的善行或好的品质吗？当然不会，你会说。但为什么不会呢？因为它们与上帝的智慧抵触，上帝不会违背自己的智慧。那么，我会说，很好，上帝的厌恶，就为邪恶打上了标记，邪恶有内在的扭曲。反之，美德与上帝至高智慧的秩序一致，这是美德内在之善的源泉。这些真理西塞罗都知道，他在《法律篇》(On the Laws)中做了深入浅出的阐明：基督教会的长老历来都把它们视为神圣。而你，作为基督教哲人，不敢讲你老师们的话！你怕什么？怕不会被当成有思想的动物？怕被当成书呆子？这些责难是不可避免的。但责难从哪里来？你怕那些因不信教而自豪的人？不。那么，肯定是那些模模糊糊的回声在低语，重复他们不理解的东西。这让你吃惊，让你害怕！这是什么弱点啊！

在这节，关于卢梭的原理，让人反感的究竟是美德内在的善，还是荣耀的感觉，我什么都没有说。有人可能会说，在卢梭的体系中，美德和荣耀这两个品质，源于社会状态，而非自然状态。但可以肯定的是，如果自然不把美德和荣耀的种子播进人的心里，等待时机生长，社会就不可能让荣耀和美德这些情感开花结果。而且，卢梭承认，家庭构成了自然社会。家庭这个自然社会在许多方面难道不足以刺激这些情感，让它们发展到某个阶段？因此，必须承认，自然命令人要追求荣耀和美德，美德是灵魂的气质倾向，最适合他的本性，大大有益于他的完美。使一个人有德行，无论如何不会改变他的天性。但有德之人是经过精心培育的公民。因此，为了使之成为公民，我们不会改变人的天性。

8. 社会是否会败坏人类自然的善

的确，在这一卷中，卢梭没有太多探讨社会状态。他说："社会使人变得更柔弱了，其原因不仅是由于它剥夺了一个人运用自己力量的权利，而且还特别是由于它使人的力量不够他自己的需要。"[2.31]他将自然状态中儿童的不完美的自由比喻成成人在公民状态中享有的自由。"我们每个人都要依靠他人，所以从这一点上说我们是又柔弱又可怜的人。"[2.34]

那么，在什么状态下，一个人不需要他人的支持呢？有过那样一个状态吗？或者说，我们能否设想那种状态，如果我们不将人类追溯到假想的原始状态，在那种状态，人还是四肢爬行？尽管我可以利用他政治原理中其他对立的论点来反驳这个论点，但我还是宁愿利用在卢梭之前的波舒哀（Bossuet）在《源于圣经中的政治》（*Politics Drawn from the Very Words of Holy Scripture*）中的话，没有人说得比他更好。

> 通过政府，每个人都变得更加强大。原因是，每个人都获得了安全保障。国家的全部力量集中于一人之手，君主有权力将个体组合起来……全部力量都委托给君主：每个人放弃自己的偏见转而捍卫君主，每个人都在不服从时放弃自己的生命。人民从中获益；因为他们

在君主身上收获了更大的力量，胜过他们自己追求的权威，因为他们在君主身上收获了全国人民团结起来帮助他的整个国家的力量。因此，个体会觉得安逸舒适，免于压迫和暴力，因为在君主这里，他有一个不可战胜的捍卫者，这个捍卫者远比所有那些可能想压迫他的人更加强大……傲慢而暴力的人是权威的敌人，他们通常说的话是："谁是我们的主人？"……愿意将一切交给武力，每个人发现自己在最为正义的诉求中却很虚弱；他必须准备应对大家同样的诉求……[最坏的状态莫过于此]每个人都做他想做的一切；没有人会做他愿意做的那一件事；只要没有主人，每个人就是主人；只要每个人都是主人，那么，每个人都是奴隶。（第1卷）

这是伟大的波舒哀从启示录中得出的东西。我们真的发现了任何更好的东西吗？我们放弃了祖先走的直路，拐入偏僻的小道，没有人能够看到尽头，不知道将把我们引向何方，这是否明智？[1]

---

[1] 在《爱弥儿》的所有部分，卢梭都把人类社会、法律和社会机构描写得十分恶心。在第4卷，我们看见以下这个值得注意的段落。"在人类社会中，"他说，"存在的权利平等是虚假的，因为用来保持这种平等的手段，其本身就是在摧毁这种平等，同时，公众的势力也有助于强者压迫弱者，从而打破了大自然在他们之间建立的平等。"[4.99]在一个注释中，卢梭补充说："无论什么国家，其法律的一个共同精神就是嫌贫爱富、助强凌弱。这是难免的，概莫能外。"强者有时滥用法律的保护去压迫弱者，有时可能是这种情况，因为人经常滥用美好的（转下页）

卢梭接着说："我们本来是要做成年人的；而法律和社会又把我们变成了孩子。"［2.34］他说："也许是造人的上帝把我们的头做得不好，所以，外貌要由助产妇来定它的样子，里面要由哲学家来定它的内容。加勒比人倒比我们幸运得多。"［1.35］

除非知识和美德让人退化，否则，我看不出，来库古（Lycurgus）、梭伦（Solon）、阿里斯提德、苏格拉底，或者你愿意举例的话，杜伦尼（Turenne）、牛顿（Newton）和德阿圭索（D'Aguesseau），都因为教育和他们从法律、社会中获得的帮助而重新变成了孩子。有谁能在公民社会之外找到比这些人更为成熟的人吗？卢梭似乎嫉妒加勒比土著的好运，他们头脑的形状和内容不是由助产妇或哲人来定的。我不知道关于加勒比人的特殊情况，但一般来说，野蛮人在形塑孩子的身体方面，一点不逊于欧洲人，要么把头压扁或像掷弹兵帽子一样拉长，要么把耳朵拉长至肩，要么在嘴唇和鼻子上穿孔，挂上唇环或鼻环，或者插上羽毛。我们的助产士的手法还没有如此灵巧。诚然，这些野蛮人头脑里的内容没有由哲学家来定。如果卢梭意指的是这些哲人，他们激发

（接上页）东西。但无论什么国家，法律都有一个共同的精神，这句断言，卢梭没有办法支持，也不能证明。在另一个地方，卢梭说："我们的种种智慧都是奴隶的偏见。我们的一切习惯都在奴役、折磨和遏制我们。文明人在奴隶状态中生，在奴隶状态中活，在奴隶状态中死。"［1.34］在另一处我们发现以下一句："在人的习俗中，尽是些荒唐和矛盾的事情。"［2.25］在卢梭的作品中我们频繁遇到诸如此类夸张的话；但当他形成定理时，他期望我们默默地相信这些话。——作者原注

起"这个世纪使我们整个一代人为之茫然失措的动荡不安的精神",[1.32]他提醒我们防备这类哲学是对的,这类哲学还没有产生明显效果,除了鼓动起许多人反对宗教,反对政府,反对社会责任,既没有让他们变得更智慧,也没有对别人更好。但是,且让我们有头脑由这样的哲人来定,诸如西塞罗、埃比克泰德(Epictetus)、奥勒留,特别是正统的基督教哲人。由他们来定,我们的头脑不会坏到哪里去。卢梭可能在加勒比食人族中发现了更强大的胃,但它不会发现更智慧的头。

9. 社会是否发明了怕死的念头,使人成为懦夫

卢梭发现社会的缺点之一,是它削弱了勇气,灌输了怕死的念头。

> 如果你们想找到真正勇敢的人,就请到没有医生的地方去好了,在那里,人们是不知道疾病会带来什么后果,是很少想到死亡的。人天生是能够不屈不挠地忍受痛苦、无牵无挂地死去的。正是医生所处的药方、哲学家讲述的教条和僧侣宣扬的劝世文,使人自甘堕落,忘记了应该怎样死去。[1.101]

也就是说,真正的勇气只见于那些无知的人、愚蠢的人。根据游客见闻,这些人如同户外的野兽一样生活,没有

艺术，没有文化，只关注当下，对未来没有任何期待。这些人——如果有这样的人——能够忍受痛苦，没有抱怨，因为他们就像孩子，只感受到眼前的恶，没有在意后果。死亡对于他们来说不恐怖，因为不知道会死，所以他们也就无所谓活。这么说来，难道勇气就是不怕没有意识到的危险？一个人平静地走在大街上，他根本不知道，身边的火药库突然起火，把他炸飞到空中。可以说这人勇敢面对死亡吗？把一个人从野蛮和愚蠢的状态中带出来——这种状态对人来说是不自然的（只要人生来不会永远是个孩子）——给他理性之光，有思想的观念；一句话，实事求是地对待人性，我认为，想到死亡，对于能够思考和反思的人来说，自然会有怕的念头。喜欢死亡的念头，这是一件困难的事。

此外，卢梭还提供了证据，他追随著名哲人的引导，揭示唯物论的缺陷和荒诞，这充分证明，对于人而言，最自然的情感莫过于觉得灵魂不朽。这种感觉让人认为，死亡是从一段生命到另一段生命的通道。这种情感普遍存在，所以再自然不过。无论何时，无论何地，在欧洲、亚洲、非洲、美洲，在任何文明国度，在野蛮人中，甚至在加勒比土著中，都有这种信仰。苏格拉底讲了一个合理而开明的原因，不受激情和偏见的干预。苏格拉底说，对于好人和坏人来说，死亡是不一样的。现在，卢梭也承认这些事情，[5.334]因此他认为不知道生病的后果或完全不在意死亡之人具有真正的勇气，这难道不奇怪吗？不知道生病的后果，不知道死后的样子，这就生活在幼儿状态，或比幼儿状态还不如的愚昧状态。这种无知导致的是冷漠，不是勇气。全面理解死亡的性质，不怕死后的事情，淡然于生活的命运，随遇而安，不必有任何顾虑——卢梭认为，这是人的天性[1]——其实是在冷漠世界有意麻醉自己，或者说，盲目于既定的目标。

但卢梭把真正的勇气——我们平静和幸福的源泉——的原理建立在产生于无知和冷漠的粗暴愚昧之上。"野蛮人和野兽"，他再次说，"对死亡都是不进行太多的挣扎的，而且是毫不抱怨地忍受的"。[2.25]智慧的人就是典范，有哲人认为，他们会教导你如何生于宁静，死于安宁！这种自我保存的想法是人的天性。卢梭徒劳地对抗这个原理：比他强大的自然将这个原理镌刻在每个人的心上。因此，一种恶的前景——其后果可能是致命的——只会煽动一些不安的情感。相信死亡只是从此生到来生的通道，却弃之不顾，这是违背自然和理性的。死亡的念头，从这个角度考虑，应该是生命的原则。只有坚定的唯物主义者——谨守他的原理——想到死后的事情时才会保持平静，深信那是彻底的毁灭。但唯物论者的安全，更多依靠他的努力，反复安慰自己不用害怕，

---

[1] "[唯物主义者]"，卢梭说，"是听不到内在的声音，这种声音以毫不含糊的语句向他们说道，机器是根本不会思想的……没有一种物质的存在其本身是能动的，而我则是能动的。人们徒然地同我争论这一点，因为这是我感觉得到的，这种感觉对我的影响，比同它相斗争的理性对我的影响更强烈"。[4.262-263]他还说，"我往往能够理解肉体是怎样由于各部分的分离而消灭的，但是我无法想象一个进行思想的存在也这样地毁灭……我意识到我的灵魂，我通过我的感觉和思想而认识它"。[4.274-275]——作者原注

而非依靠他不用害怕的任何理性。我敢说，没有一个唯物论者在自我拷问时能在自己身上找到证据，完全相信自己的灵魂必朽。由于缺乏证据，在这样一个不信者的心中，肯定会出现十分可怕的动摇。因此，我认为（按照卢梭自己的原理而不是要反对他），可以得出结论，理性的人应该考虑到死后的情况来经营他的人生。忽略死亡的念头，不对死亡进行反思，既违背自然，也违背理性。

但死亡的念头是可怕的。我同意。尽管死亡本身是可怕的，但我们不去管它，也改变不了它是可怕的这一事实。因此，只有一个办法，我们必须鼓起勇气面对死亡的前景。通过考虑宗教的教导和从只有宗教提供的方式中获利，使死亡不仅可忍，而且可欲。卢梭会喜欢那样一种英雄勇气的例子吗？让他回想一下基督教的伟大使徒，他们看见永远的幸福在望，叹气，在受祝福之后，将要斩断身体的牵绊，永远与上帝团聚。每个世纪的基督教史都将为他提供可以比较的榜样。不用去查书本，他只要问问在世的正直之人。他们将告诉他，他们所看见的启迪：一听到马赛的瘟疫，他们就看见来自各地的热烈的宗教人士，后者高兴地关在那不幸的城市的城池之内，一心照顾病人，希望获得天国的王冠，通过牺牲必朽的人生，服务于他们的兄弟。那样的人，不会对卢梭无礼，他们比野蛮人或野兽更有价值。我亲眼看见一个临终之际的可敬老人，我年轻时，与他交往甚密。这个有德之人远离喧嚣的世界，默默度过纯净的人生，在他的退隐中，在虔诚的作品里——这些作品很适合他平和的心境，那种甜蜜的宁静，那种内在的喜悦，这些是时代的壮丽和欢乐似乎允诺但从来没有赠予的。他灵魂的纯净和安宁流露于他朴素的话语和举止中。他最后的疾病没有改变他的性情。他的面容甜美而安详。我走到他的病榻前，询问他的感受。他以一贯的平静回答我，一半是拉丁文，一半是法文，"我在等候主的召唤"。不久，他在幸福的期待中闭上眼睛。这样的人，内心堕落了吗？

卢梭关于医生的言论［1.96-104］，我不关心。《爱弥儿》好像无损于他们的行当。

10. 法律和社会是否使人退化到隶属的奴性状态

卢梭认为，社会的另一个坏处，与隶属相关：

> 有两种隶属：物的隶属，这是属于自然的；人的隶属，这是属于社会的。物的隶属不含有善恶的因素，因此不损害自由，不产生罪恶；而人的隶属则非常紊乱，因此罪恶丛生，正是由于这种隶属，才使主人和奴隶都互相败坏了。［2.35］

要说人的隶属——人的隶属存在于历史上有记载的任何政权——是紊乱的隶属，罪恶丛生，这说法明显与圣经相矛盾，因为圣经准许和推荐在许多地方推行这种隶属。圣彼得（St. Peter）说："你们为主的缘故，要顺服人的一切制度，或是在上的君王，或是君王所派罚恶赏善的臣宰。"圣保罗讲了同样的话。我知道，卢梭认为，罪恶的奴隶是这样一些人，他们没有所谓的勇气像他那样思考。但我们敢说，早期的基督教使徒不缺乏勇气，他们也没有卢梭说的奴隶的标志：奉承和怯懦。

这种隶属是不可避免的，甚至在卢梭的理想体系中也不能避免。按照社会契约，"我们每个人都以其自身及其全部的力量共同置于公意的最高指导之下……"[《社会契约论》，第1卷第6章]，但与此同时，卢梭不得不承认，个体作为一个人，会有与公意相违背的特定个人意志。

> 他的个人利益对他所说的话，可以完全违背公共利益；他那绝对的、天然独立的生存，可以使他把自己对于公共事业所负的义务看作是一种无偿的贡献，而抛弃义务之危害于别人则会远远小于因履行义务所加给自己的负担……这种非正义长此以往，将会造成政治共同体的毁灭。因而，为了使社会公约不至于成为一纸空文，它就默契地包含着这样一种规定——唯有这一规定才能使得其他规定具有力量——即任何人拒不服从公意的，全体就要迫使他服从公意。这恰好就是说，人们迫使他自由……[《社会契约论》，第1卷第7章]

因此，在一个纯粹是为了维护自由而设想出的体系中，个体被迫要依靠和服从全体的权威，不管他的意愿如何，全体都要迫使他服从。诚然，卢梭找到了一个权宜之计，弥补这种不便。市议会若想个体违背己意而服从，不是千方百计限制他的自由，而是恰恰相反，强迫他自由。这是明显的事实。卢梭知道，自由就是做想要做的事情。因此，强迫一个人自由，不顾他所想，迫使他服从，就等于强迫一个人做了他想要做的事情，同时强迫他做了他不想要做的事情。谁不理解这样的观点？但是，除了只负责制定法律的市议会，在卢梭的体系中，仍然需要一个官僚阶层，负责执行政府的各项具体事务。因此，在此，需要有一个特定团体，有时是一个人，人们有必要依靠这个团体或个人。

人的隶属并不违反人的本性。自然造人，并不是为了使之独自生活，因此，人生来不是独立生活的。社会和隶属是关联概念，因为没有秩序，社会就不能够维系，没有隶属，就不可能有秩序。病人要服从医生的药方，游客要服从导游的指令，士兵要服从军官的命令。他们被劝说，医生、导游和军官比他们知道更多对他们有利的东西。人生来知道，在社会中生存，这对于他们来说是必要的。他们肯定天生就知道，因为他们无处不扎根于社会中。大众也知道，必须服从管理。即使最让人羡慕的自由人，心里都明白，若是没有领袖，获得授权维护法律，得到公众力量的支持，打击那些因私人利益而反对公共利益的人，他们就不可能有自由。卢梭说，大众渴望善好，但不知道善好是什么。他承认，最好的、最自然的秩序是这样的秩序，其中，大众由智者来统治。按照这个原理，被无政府弄得疲惫不堪的古波斯米底人

（Medes），主动接受迪奥塞斯（Deioces）的统治，因为他们深知，这个英雄睿智而正直。他们这样做，是遵从了本性的冲动，无论是社会还是别的一切，都需要秩序。我举一个卢梭不会反对的例子。鲁滨逊·克鲁索（Robinson Crusoe）救下来的那个野人决定无条件地隶属于恩人，不仅出于报恩的心情，还因为他认识到，鲁滨逊的智慧比他高，能够教他成为更好的人。我们从未在别的地方看到一个人对主人如此彻底地隶属。但这是一个野人，换言之，最狂野的灵魂之一；可笑的是，卢梭却大为崇拜他们，说他们生来就有独立精神。总之，因为人必须共同生活，所以必要的，有人应该统治，有人应该服从。有人可能想方设法躲避这个事实，但几番折腾之后，我们要么回到这个结论，要么像卢梭一样认为，当市议会或市政官下令将某人打入监狱，尽管这是他们想要他隶属于人，但也是他们强迫他自由。柏拉图笔下《蒂迈欧篇》（*Timaeus*）中那个埃及人完全有理由说："啊，希腊人！你会永远是个孩子吗？"（21e–22c）

说实话，卢梭描绘的既不是自然状态，也不是社会状态。他说："我们本来是要做成年人的；而法律和社会又把我们变成了孩子。"［2.34］他补充说："一个人愿意做什么就做什么，这样的人才是愉悦的人；生活在自然状态中的成年人就是这个样子。"［2.34］首先，他没有想到，没有法律和社会，就没有教育；没有教育，人要么很傻，要么凶恶，或者又傻又恶，性情喜怒无常。卢梭描绘的自然状态，是他的想象。一个更有说服力的法国作家格古（Antoine Yves

Goguet）将按照自然的面貌加以描述，这些面貌有历史的佐证。格古写了一部出色的书，名叫《法律、艺术和科学在最古老民族中的起源及其进步》。他说，这个世界曾经一度坠入极度野蛮的状态。那时的人徘徊在林间和田野，没有法律，没有规范的秩序，没有领袖：这才是真正的自然状态。那时的人非常邪恶，甚至到了人吃人的地步。他们忘记了所有常识，有些人甚至忘记了如何用火。这是那些世俗的历史学家所谓的不幸时代，这些苦难犹如人世之初时的苦难。如果我们将注意力转到这种状态，我们不难相信这些描写：古代历史学家宣称，在他们的时代，好几个国家陷入了这种状态，这些状况，我们通过现代研究已经证实。我们从游记中得悉，即便今日，在这个世界的某些地方，依然有人的本性如此残忍邪恶，既不能进入社会，也不能与人交往；他们发动无休止的战争，追求毁灭，甚至吃人。没有任何人的原理，这些人的生活中没有法律，没有规定的秩序，没有任何形式的政府。他们与野兽无异，唯一的住处是洞穴。他们以树林中的果实和草根为食。由于缺乏知识和工业，他们难以获得更充分的营养品。他们甚至连最寻常简单的观念都没有，只是面貌上像人而已。

这里有两幅画面，来源大相径庭。一方面，卢梭相信，法律和社会将成人打回童年状态，自然状态中人的状况足以自我满足，生活幸福。他强调这个观点，但他没有提供一点证据。另一方面，格古认为，没有法律和政府，人就会坠入最恐怖的野蛮状态，他用事实证明了这个观点。这两幅画面或两种观点，我们应该如何选择呢？

11. 论对于秩序的自然之爱和社会的起源

但是，我们不必像霍布斯那样，把人想象成生来邪恶。如果这是真的，那么每个人不义行为的总和会远远超越其正义行为的总和。但是，恰恰相反，正义行为的总和远远超越不义行为的总和，否则任何社会都不可能存续。在具体的案例中，这应该容易证实。我们之所以往往有相反的印象，是因为普通的义行和善举，几乎没有引起注意，毕竟它们遵从的是事物的自然秩序。我们没有感觉心跳和血脉的流动，只要它们与我们自然的健康状态相符。但若身体某些部位与自然状态相违，我们立刻敏锐地感觉到错位。身体里面的每个运动都受身体整个秩序决定，都在合力构建这个秩序。如同宇宙所有运动的合力结果，这种合力往往也是为了维护各种运动之间力量的和谐。自然中无论发生什么，都是受它们中间的这些原理指导，都是为了维护这些原理的指导。整个系统原初组合的正常运行，决定了各部分的正常运行，反之亦然。在有感觉原理的有机体内，它们的存续和健康，依靠各部分的自然和谐；痛苦则与破坏这种和谐的紊乱相关。这是自然的安排。

如果我们将注意力转向有智慧的人，我们将发现，这种秩序的观念，某种程度上对于所有族类而言都是自然的、共同的；这是一种强大的倾向，诱导他们按照自身完美和幸福的观念行事。人天生就是秩序的朋友，无论在什么地方发现秩序，他都会表示赞同，为有秩序而高兴。若非在认知中辨识出秩序的缘故，他可能一无所知；若非在他的行为中融入了秩序，他将一无所成。他越是用心把握秩序，在不同的可理解的对象中洞察到秩序，他的天赋越高，才华越大。正是我们的情感有了秩序，才有灵魂的平静安宁；相反，要是情感失序，就会产生不安、愤怒和绝望。如果一定数量的人为了某种目的聚集起来，他们立刻会按照某种方式做出秩序安排，这种方式是与他们聚集在一起追求的目标相符合的。

因此，人们天生就想在社会中生活，这并不只是因为怕，也不只是因为有用，也不只是因为仁善。这三个原因单个说来都是不充分的，正是这个理由，那些体系——它们假定将社会的基石完全建立在非此即彼的某个条件上——是有缺陷的。因此，这是必要的，应该把三个原因结合起来，因为它们天然服务于同一个目的。此外，我们还必须加入一个，那就是秩序的统治印象，秩序充当了它们共同的纽带。这样，我们就有了每个公民社会的真正原理。仁善实际上是第一种情感，将人与人相连，这似乎是明显的，从家庭状态，从我们与朋友相处时获得的愉悦，从我们帮助他人时感到的满足，从我们对帮助我们的人所表达的感谢，都能证明人类的仁善。仁善这种感情也许会遭到自私的反对，甚至被压倒和窒息，但它并不因为这个就不太自然。有用是第二个动机，使得个体和家庭想要彼此在一起。没有这种组合，他们会经常感到必需品的匮乏。但是，正是因为能够彼此在一起，他们不但能为自己提供必不可少的需要，而且能够有更多满意的生活品。怕是人们抱团的第三种动机。因为在打破了自然的最初那些纽带的过程中，邪恶的人会越来越贪心，打击那些好人，所以，好人必须聚合力量，打退坏人的攻击。

这些原因促使人们走到一起。但他们走到一起后，秩序的影响就会立刻促使他们做出安排，这种安排应该是与他们团结在一起的目的相配合的形式。这种安排要求规则，也就是法律。法律的设立导向权威的确立，权威负责维持整个团体。这就是公民秩序的起源。

因此，天生就是秩序的朋友的人，本质上并不邪恶，而是由于敌对和挑起他们情感的利益冲突才变得邪恶。初看之下，似乎增加了利益，社会就增加了冲突的原因，从而增加了邪恶的根源，但在这种事情上，有两个明显的考虑。首先，在社会状态中，利益的分歧并不来自生活的基本需要。关于生活的必需品，社会状态能为所有人提供足够的东西，甚至对许多人来说还非常丰富。然而，与此相反，在自然状态或与之接近的那些状态中，人经常暴露在饥渴和饥馑的恐怖之下。格古认为，可怕的野蛮就是由于这些恶劣的极端状况；自然状态会把人拉回野蛮的深渊，因为它能挑动他们相互摧毁，甚至人吃人。社会状态保障了人们必要的生活资料，废除了人吃人的恐怖习俗；由于缺乏社会状态，某些原始而野蛮的部落依然存在人吃人的习俗。尽管在社会状态中，公民利益的冲突一直都很大，但这种冲突煽动的情绪，不足以与那种将人带向极端残酷和凶恶的情绪相提并论。其次，还可以做以下评论：的确，随着财富的增加，社会中各种利益也在加倍增加，生活变得更加便利。但借助法律，社会缩减了冲突和冲突的效果，法律为要求设了限制，给每个人固定了权利。生活在自然状态中的人，为了一点点野果而产生的争斗，远远大于在秩序良好的社会状态中最大的利益冲突激起的争斗。

对此，我们还可以补充一点，由于自然天赋，一些人生来就平静如水，一些人生来就激情满怀。如果不加培育，前者可能一直就是白痴；后者若不加管束，可能变得更加凶暴。还有些人，生来器官就紊乱，这种器官失调尽管不会完全造成一个蠢蛋，但却会引起观念的偏差，引发焦躁不安、毛手毛脚和喜怒无常的性格，喜欢调皮捣蛋、爱搞恶作剧。那种性情的人，只能利用他们生来对于惩戒或处罚的怕，让他们守规矩。只有惩戒或处罚，才能约束脑子糊涂时冲动的迸发。现在，为了根据他们的性格而教育和引导人们，就需要帮助。这种帮助只能在社会状态中找到。因此，纯粹是无缘无故，卢梭冒出这样的想法，认为法律和社会将使成人退化到儿童状态。他自己不就承认，"我们在出生的时候所没有的东西，我们在长大的时候所需要的东西，全都要由教育赐予我们"。[1.5]

现在，我敢肯定，若不与法律和社会有着这种或那种关联，就不可能形成合理的教育方案。除非利用从社会中获得的洞见，否则，卢梭根本难以勾勒出他的新体制；但是，为了动摇社会，他不惜对之进行污蔑。他假定社会败坏了人。他想象，自然状态中的人一般而言有那种人们生来就发现自己身上具有的崇高情感，而且，如果他们完全独立生活，他们就能让这些崇高的情感自由飞扬。但这纯属幻想。那种崇高大度的情感，往往是天生善良灵魂的标志。这种情感很少在儿童身上生长。如果我可以如此表述的话，儿童需要自我教育。这些情感，尽管是天生的，但若想生长，还需要文化的栽培。这种文化是公民教育的成果，是精心呵护的结果。由于精心呵护，儿童的心灵中很早就镌刻下美德和荣耀的观念。

12. 人的理性，自然对应于动物本能，需要教育

卢梭开心地认为，在自然状态中，人会更强大，因为他的力量与他的欲望成正比，他的欲望与他的需求成正比，但在社会状态中，他就变得弱小，因为他的欲望增加了，非他的力量所能及。我敢说，这种观念只是貌似有理，并非真站得住脚。事实上，自然状态中的人只有两种情况：要么只能感知冷热、苦乐等等，没有真正堪称观念的东西，用卢梭的话说，没有关系决定的概念；要么在自然状态中，人能够将他的感觉提升成知识，形成对事物及其关系的观念，因此需要利用他的理性。如果自然状态中的人只局限于感觉，对事物没有任何固定的观念，没有运用任何理性，那么，应该像野兽一样限制他的欲望，这无疑是正确的。除了满足他的肚

子，不要冷着或热着等等，他会没有其他任何需求。但这些欲望或需求无论多么有限，同样正确的是，一个人，若不能利用理性，绝对是不能满足自己的欲望和需求的。因为正如我们前面所说，人并不像动物那样，生来就有一种本能，注定干某类特定的活儿，为了那些特别的操作，自然还赋予了后者相应的器官或工具。需求的感觉和可感知对象的印象，都能触发动物这种本能，这种本能是自然赋予动物的向导，使它们准确执行连贯的动作和操作；自然提供的这些动作和操作，是为了让这些动物自我保存和自我捍卫。但人不是这样。自然没有局限人干一种特定的活儿，执行一种特定的操作指令，也就是说，一套机械的指令。只感觉到需要，或者仅仅对可感知的对象有印象，并不足以决定其器官做出他防御和保存所必要的行动。某种程度上，这种感觉和这种印象只是让他注意到他的需要，唤起他的知识和理性，思考一些方法来满足需求。他必须学习认识周围的事物，辨别它们对自己是否合适，想出获取或避开它们的办法，以及利用它们的方式。

对于人来说，理性如同一种普世性艺术，它取代了所有特定技艺的位置，使人能以其所置身的环境最切合的方式变换其行当。同样，正如古希腊医学家盖伦（Galen）追随亚里士多德的说法，自然给了人双手，作为普世工具，用来制作和使用实现其目的所需要的特定工具。在这点上，我想问一个唯物主义哲人，这种自然是什么，它造就出一种生灵，其族类需要延续自己，但其保存本质上需要依靠精神观念。因此，可以肯定，如果自然状态中的人可能只局限于感知——这种感知还不强大——那么，它将是最可怜的生灵，将毁灭，因为为了获得最低限度的支持，他的力量也极度匮乏。由此可以推论，人不可能以卢梭在《论人类不平等的起源》一书中描写的那种方式存在。

因此，为了人在自然状态中能够延续，我们必须承认他有一定程度的知识，能够运用一些理性。相应地，他的理性要么停留在粗浅和残缺的状态——这往往是生活在没有法律、没有政府的环境中人的命——我们知道，在这种状态中，人无法获得权力或力量，即便最为迫切的自然需求，也无力满足，因此，只能过着最为悲惨的生活，苟延残喘。要么，与我们的经验完全相反，在自然状态中，会像在秩序良好的社会状态中一样，人的理性会变得清晰、有力，并且不断增加；但在这种情况下，人会有新的欲望、新的需求，但满足欲望和需求的手段越来越少。人的性情的秩序和发展严格对应于他的认知和知识的秩序和发展。他只有感知吗？若有，他所有的欲望就只局限于感知的范围。他有观念吗，那种真正意义上由关系决定的观念？他能用方法理解这些关系吗，理解周围事物对他是否合适？若能，从这些知识观念中，立刻就会生发一种性情的新秩序，与理性赋予我们的完美和幸福的观念相关。

卢梭认为，法律和社会将使成人退化成儿童状态——似乎人出自自然的怀抱，可以说就有了各种所需，在天生的独立中，就可自保、自卫和自存，就能满足全部所需，由此过得满意而幸福——这是多么没有道理呀！再没有想法比这更不合理的了。

因为我们看到，首先，没有理性的指引，人根本无法利用自己的力量，以至于我们可以说，他有多少理性，就有多少力量，因为他要运用力量，首先总得要有一个选择，没有一定的知识，不运用一些理性，这选择无法凭空而来。这就像火蕴藏于火石，只有用铁敲打，才会冒出来。理性的文化或栽培，必然要求思想沟通，这只能在社会状态中才有。

其次，即便理性本身，即便理性可能受到启蒙，也不足以让人获得他可能想要的全部帮助。鲁滨逊的荒岛奇遇，无论真实还是作为象征，都可能让卢梭对此深信不疑。尽管鲁滨逊在社会中获得过知识和经验，尽管他从沉船中带出了一些有用的资源，他仍然需要付出一番劳作，仍然需要一番煎熬，才能勉强维持自己的生计。假如荒岛上的气候不是那么温和，假如荒岛上猛兽成群，无论他多么辛劳，也不足以让他逃过某种死亡之劫。

理性并不是给予某一个人，让他可能获得自己的部分所需。自然把理性给予所有人，为的是他们可以学会联合起来，互助互惠，找到生活所需的一切，以一种切合人性尊严的方式生活。

我们没有必要跑到休伦人（Huron）或者霍屯督人（Hottentot）住的地方，去看一群人近乎在自然状态下生活。每个欧洲国家的流浪乞丐阶层，都让我们管窥到那种生活状态。乞丐阶层构成了一个国家之内的独特群体。他们每日不用担心富人的施舍，他的生活就如靠野果为生的野人，区别在于，他们发现了具有公民社会特性的人性基础，比野人通常在自然的生产中找到的资源要更加安全可靠，从而免于匮乏。他们也从社会中获得这种好处，由于怕惩罚，所以他们不会走极端，否则会破坏一般社会秩序。除了特殊情况，他们很少感受到法律的影响。没有纽带将他们和国家绑在一起。他们没有财产、商品、艺术和实业。他们一无所有。他们没有等级，没有地位，没有公民利益，也不担任公职。他们一无所求，只要能吃能喝，不干活，欲望就完全满足。这些流丐，成群结队，纯属偶然，他们很好地代表了自然状态，与更大的公民群体保持隔离，完全独自生活。这些人没有被社会机构败坏；他们教育自己，自由自在地跟随着自然的天性。因此，我们在这些人身上看到了健全的理性，纯粹的风范，坚定的灵魂，高贵而大度的情感。但是，这绝非实情。事实上，他们中间大多数人都在浑浑噩噩中度日，不懂得人的责任义务，不知道宗教和道德的最基本原理，没有文化，没有任何让理性添光彩和完善的知识。他们唯一的想法是利用人们的善心，为此目的，他们用尽狡猾和欺骗，有时，在认为不会被发现时，还会采取最恶毒的犯罪手段。他们一副乞援的样子，装成伪善谦和，乞讨口粮，倘若遭到拒绝，他们会立马恶语相向。撒几张钱币在他们之中，往往会引发他们激烈争吵，这时，他们会一吐心中的积怨、愤懑和痛苦。好逸恶劳就是他们的愉悦生活，据说，他们背地里沉湎酒色，淫荡不堪。这些人都是可怜虫，他们斩断了与社会的纽带，完全享受他们天生的自由。这些人不是被送进济贫院的穷人，在济贫院里长大的人畏惧上帝，他们习惯了劳作，学会了要服从，这些都是正当的情感。因此，我们可以得出结论，天生的独立并不像卢梭认为的对于完美如此有好处。因为人的本性是，没有与之一样的其他人的配合，他不会有任何进步；要配合，就必然要有社会，对这个社会来说，秩序是必不可少的，秩序只能靠法律维持，法律只能靠政府维系，从本质上而言，政府包含了权威和服从这些相关观念。

对于卢梭的一个观点，还可做些反思。"一切动物都只有保存它自己所必需的能力，唯有人的能力才有多余的"，卢梭声称，"可是，正因为他有多余的能力，才使他遭遇了种种不幸"。他总结说："如果他是相当的贤明，不计较是不是有多余，他就会始终觉得他的需要是满足了的。"此外，他还补充说："一个人只要能够生活就感到满足的话，他就会生活得很愉快。"［2.22］

即便这是哲学性的评论，其结论很难说是如此。它来自自然，或者毋宁说来自自然状态中的作者；自然给了人所有的能力。如果说人有一些能力是多余的，他自己的保存用不着，由此可以得出，这些能力在任何方面都是多余的吗？这样想是荒唐的。动物只有保存自己所必需的能力，因为它们过的动物生活没有其他对象。但人的生活应该是理性的生活，有社会活动的生活。人不仅仅以活着为目的而生活；他活着是为了培育理性，为了享受难以估量的智慧成果，为了完成他对于上帝、自我和同类的巨大使命。如果自然只给人更多的能力，超出他保存所需，这就明显证明，自然不打算限制他，不让他像其他动物一样只关心自己的保存。对于我们来说，把这种多余视为零，这是没有意义的。卢梭说，一个人只要能够生活就感到满足的话，他就会生活得很幸福；恰恰相反，没有了目的的生活，人永远获得不了幸福。清明的理性总是告诉我们，人不能获得幸福，除非善加利用，而不是荒唐地削弱自然赋予他的所有能力。

13. 孩子能否理解道德范畴

我们已经审查了卢梭的两个原理：（1）自然的最初运动总是正确的，人心在最初没有变态；（2）人的隶属是违背秩序的。在此，我们还必须审查另一个原理，也就是：（3）在十一二岁或更大一点儿时，孩子身上的理性还没有发展出来，让他们理解道德。这三个原理是他为十五岁以下的孩子设计的具体教育活动方案的基础。从这些原理中，卢梭得出以下结论：

（1）当你还不知道怎样用可能的和不可能的法则把一个孩子引导到你所希望的境地时，就不能担当教育那个孩子的事情……不要对你的学生进行任何种类的口头教训，应该使他们从经验中去取得教训；也不要对他们施加任何种类的惩罚，因为他们还不知道他们究竟是错在什么地方；也不要叫他们请求你的宽恕，因为他们还

不知道他们冒犯了你。[2.60–61]

（2）他应当隶属成年人，但不能服从成年人的摆布；他可以提出要求，但不能发布命令。只有在他确有需要时，他才可以听命于人……任何一个人，即使是他的父亲，也没有权利命令孩子去做对他一无用处的事情。[2.33] 你使孩子只隶属于物……如果他有冒失的行为，你只需要让他碰到一些有形的障碍或受到由他的行为本身产生的惩罚，就可以加以制止；这些惩罚，他是随时都记得的，所以，无须你禁止，也能预防他顽皮捣乱。经验和体力的柔弱，对他来说就是法规。[2.36]

（3）现在又回来谈实践。我已经说过，不能因为你的孩子要什么就给他什么，而要看他对那个东西是不是有所需要，同时，他做任何事情，都不应该是为了服从你，而只能是因为他确有必要，这样一来，"服从"和"命令"这两个词就将在他的词典中被取消，而"责任"和"义务"这两个词也不能够存在；但是，"力量""需要""能力不足"和"遏制"这几个词将在他的词典中占很重要的地位。[2.50]

（4）但从另外一方面来看，谁不知道童年时候的柔弱已经使孩子们受到种种束缚，谁不知道他们的自由极其有限，不可能加以滥用，如果不让他们享受的话，对他们和我们都没有什么好处，然而我们毕竟把他们的自由剥夺了，从而使他们受到前面所说的那种束缚之外又受到我们乖张任性造成的束缚，难道说谁还不知道这是一种很野蛮的做法吗？［2.49-50］……你们为什么不让天真烂漫的儿童享受那稍纵即逝的时光，你们为什么要剥夺他们绝不会糟蹋的极其珍贵的财富？［2.11］我们要让孩子们享受天赋的自由，这种自由至少可以使他们在一个时期中不会沾染我们在奴隶社会中沾染的恶习。［2.49］

毋庸赘言，这种教育方式与圣经中推荐的教育方式是多么不同。卢梭不会让孩子服从，只是让他们依靠，因为他们需要帮助；圣保罗会让孩子服从，因为这在上帝的眼中是正当的。卢梭严禁父亲给孩子任何语言指令，不准他们对孩子讲责任或义务；摩西（Moses）——卢梭很佩服他的立法——命令父亲从早年就用上帝之法教育孩子。卢梭认为父亲不应惩罚孩子；圣经里的以利（Eli），因为没有惩罚孩子而受罚。卢梭让我们放手，任孩子充分享受他们天生的自由；智者便西拉（Sirach）认为，孩子应该从小就适应管教，即便上帝之言没有明确说如何管教，但世世代代的经验还是足以确保管教可靠。

这不是说我们不能利用有形的障碍来纠正孩子轻率的意志，尽可能让他们亲自发现他们犯错受惩罚，是捣乱的自然后果。绝对排斥限制和惩罚是难以立足的悖论。受到赞扬和谴责是社会中善行和恶行的自然结果。从所有与他交往的人那里感觉到这些效果，这对于孩子是合适的。他会开始借助直接经验感受到好名声或坏名声的后果。这样的事情并不是漠不关心的考虑；这是需要睿智安排的计划。

卢梭认为，孩子在十五岁前没有足够的理性辨别善恶。说这句话的卢梭，难道不是已被说服，认为正义与不义的感情是人心中天生就有的吗？且让我们回顾一下他关于这个话题说过的话：

> 在那些讨厌的哭哭啼啼的孩子当中，我曾经看见有一个就是这样挨保姆打的，这件事情，我永远也不会忘记。他马上闭嘴不哭，我以为他是被吓到了。我心里想，这个孩子将来也许是一个奴隶成性的人，只要用严厉的手段就可以逼着他干这干那。我想错了；这个挨打的孩子，憋着一肚子愤怒，连呼吸也呼吸不出来；我看见他脸都变青了。隔了一会儿，他大声地哭起来，像这样年纪的孩子，他所有的怨恨、愤怒和失望，在那高昂的哭声中都表露出来了。我担心，他这样激动是会气死的。如果说，我怀疑过在人类的心中是不是天生就有正义感和非正义感的话，单单这个例子就足以使我消除我的怀疑。我相信，假使有一块火辣辣的炭偶尔掉在这孩子的手上的话，也许他觉得，还没有像轻轻地，然而是存心侮辱地打他一下那样痛咧。[1.152]

什么！一个吃奶的小孩从轻轻一击中就能分辨出冒犯他的意图，这种冒犯的感觉对他的伤害，大于一根火热的燃木对他的伤害。但有人却说，一个十岁、十二岁，甚至十五岁的孩子，这时候还分不清善恶！

我们且跳过吃奶的娃儿，来看看七八岁的小孩。我们不妨考察一下他们的行为，看看他们是否还没有理性分辨道德善恶。假设两个孩子争吵，你只需要问在场目击的孩子，他们会告诉你，谁对谁错。严厉的审问只会进一步说服你，他们判断公平。

小孩相当清楚，奖惩是否得当。这点上他们从来不自欺。但要区分行为是否值得奖惩，就意味着能够区分道德的善恶。

贺拉斯（Horace）是很有理性的诗人，他总是迫切呼吁人们做公正的事情。这种公正甚至在小孩的游戏中明显可见，"男孩在玩游戏时会大声说，'要是你公正，你就当国王'"。的确，孩子在游戏中将王权交给做得最好的人。他们认识到，德行要相配。这难道不表明他们有道德观念吗？

孩子能够区分无意犯下的恶和有意犯下的恶。他们会原谅前者，但绝不原谅后者。因此，他们知道让一个人仅仅为恶意做的事情担罪。

一个孩子若把同伴的书或玩具据为己有，其他孩子都会说他做错了。他们已经有了公正的情感，只有公正，每个人才享有属于他的东西，享有适合他用的东西。七八岁的孩子会有这些道德观念，他们的行为提供了证据和例子。[1]

---

[1] 卢梭说，孩子们"看到你做错了事情，会暗自得意……孩子们最留心的事情之一，就是要发现管束他们之人的弱点……他们受不了（转下页）

> 我宁愿让一个孩子到十岁的时候长得身高五尺而不愿他有什么判断的能力。事实上,在这种年龄,理性对他有什么用处?它阻碍着体力的发展,儿童是不需要这种阻碍的。[2.54]

要求十岁的孩子有五英尺高,这是荒唐的;同样荒唐的是,要求他在五岁的时候和三十岁的男子有同样成熟的判断。判断力,是一点点地发展和形成的。我们看见,七八岁的孩子开始有了判断力,十岁的时候,判断力有了明显增强。卢梭认为,理性"阻碍着体力的发展"。我倒认为,理性应该阻挡最初的内在运动,这些运动倾向于要我们使用体力。十岁的孩子明显感觉到他初生的体力,这种感觉很活跃,很强烈,使他动来动去,坐立不安,把手边的东西拿来拿去,翻来覆去,想尽办法使用它们。正是以这种方式,出于隐秘的自然冲动,小牛摇晃着骄傲的头颅,发起无力的攻

(接上页)你强加在他们身上的束缚,所以要想方设法地摆脱它;老师的缺点一旦被发现以后,就提供了他们达到这个目的的最好手段"。[2.170]这番话很有道理,但是,与卢梭的观点矛盾的是,它也证明,孩子们不缺任何道德观念。如果他们发现老师的缺点之后会暗自得意,那么,他们肯定知道错在哪里,能够区别善恶。这里,卢梭自己把自己驳倒了。卢梭为了撇清自相矛盾给他带来的指责,做了精巧的设计,这就是承认"他最美好的语句"虽会冲突,但"他美好的思想"不会冲突。[2.120]在某个地方,他断然宣称,"[学生]不知道他们的错究竟是错在什么地方"[2.61],但在书中的另一个地方[2.170],他说,学生发现老师的缺点之后会暗自得意。这种矛盾到底仅仅是语句的冲突,还是说,在某种程度上是思想的冲突?——作者原注

击,测试他还没有掌握的武器。动物身上初生的力量,受到某种不可改变的、引导它们的本能的控制,但在人身上,只有理性是最直接的统治。既然如此,为什么说理性对十岁的孩子完全无用?这种内在的倾向挑逗着他,让他激动不已,使他不得停歇,令他气喘吁吁——这难道不需要约束吗?的确,在这个年龄,理性太弱,不够完善。他需要格言、榜样和合适行为的支持和巩固。"我们生来是软弱的,我们需要判断的能力,这全都要由教育赐予我们。"[1.5]

14. 论小孩在道德教育中怕上帝的重要性

引导小孩走向善、远离恶,最合适有效的方式是用对上帝的怕来激励他们。卢梭说,上帝的观念对于孩子来说过于崇高,这种说法是无用的。[4.175-178]我们这里不谈古希腊诗人西摩尼得斯(Simonides)苦苦思考的抽象问题。一天,希耶罗(Hiero)问,上帝是什么,西摩尼得斯说要用一天时间解释,第二天,他说要用两天时间解释,第三天,他说要用四天时间解释。西摩尼得斯最后说,他思考得越多,发现这个问题越含糊和困难。一个孩子知道,一间屋,一个雕塑,一幅画,一件家具,不是自己把自己创造的。他知道这点。如果我们向他指出什么材料,如果他注意到这件物品的设计和规则,他必定会问是谁创造的。这是孩子的自然天性,同样自然的是,打开他们的心灵,接受关于上帝的知识。应该告诉他们,在他们眼里如此壮观的世界,不是自己把自己创造的。告诉他们这点，其实没有告诉他们任何新的东西；他们知道房子不可能自己把自己创造出来。但谁创造了这个世界呢？我们会回答，是上帝。我们还会向他们解释，创造了这个世界的上帝，不像我们人一样有肉身，我们不能用肉眼看见上帝，但上帝知道一切，能做喜欢做的事情。我们会继续解释，上帝是好的，上帝创造人，让人幸福；上帝是公正的，赏善罚恶。这些道理无疑是高深的，但我们不会奇怪，哪怕最简单的灵魂，也有能力接受。原因是这些道理对于人的完美和幸福是必要的。这就是为什么我们有理由相信，这些反思性观念，最初在孩子心灵中成长时，他们会觉得自在，同样都能掌握。

不管卢梭怎么想，用这种方式教育的孩子，既不会盲目崇拜，也不会认为神人同形。最大的困难是使孩子理解上帝不是有形的。下面的方法，我曾经成功地用来教导过学生。学生首先问："上帝有形吗？如果他没有形，他怎么能有一切呢？"

教师：注意你看见的物体的形体。全都有长宽，对吗？
学生：对的。
老师：你看到一些圆的或方的形状吗？
学生：看到了。
老师：你去摸它们，想要动它们，你感觉到它们在抗拒你的手吗？
学生：感觉到了。

老师：你想知道上帝为什么不是有形的吗？

学生：想知道。

老师：你真的有意志和欲望想知道？

学生：真的。

老师：那么，向我保证，你真的有这意志和欲望。我仍然有点怀疑。

学生：我保证，相信我，我有。

老师：那你感觉到这种欲望、这种意志了吗？

学生：我的确感觉到了。

老师：强烈吗？

学生：是的，强烈。

老师：那好，你身上强烈感受到的这种欲望，它到底是无，还是有？

学生：有。

老师：来，我告诉你，那是无。

学生：无？！如果是无，我不应该感觉到。

老师：那你感觉到的这种欲望是有，是吗？

学生：是的，无疑。

老师：那你告诉我，这种欲望像那张桌子一样又长又宽吗？

学生：什么？！它既不长又不宽。

老师：又圆又方吗？

学生：天啦！

老师：是黄色，还是绿色？沉重如铅，还是轻如羽毛？

学生：都不是。

老师：也就是说，它是无，对吗？

学生：抱歉，它肯定是有。

老师：这样说来，它是一种既不长也不宽，既不是黄色也不是绿色，既不圆又不方的东西？

学生：的确是。

老师：也就是说，你的欲望，不像你的手、你的头发、这面镜子、这张桌子、这个喷泉一样有形体，也不像搅动起来可以感受到的空气。

学生：是的。

老师：那你便知道，有些东西看不到，也摸不着，但却存在。

15.父亲的权威和孩子的服从

卢梭把孩子的依赖性归结于对父亲的需要，排除了服从的情感。这点我们已经看到。他在另一个地方补充说：

> 千万不要对他采取命令的方式，不论什么事情，都绝对不能以命令从事。也不要使他想象你企图对他行使什么权威。只需使他知道他弱而你强，由于他的情况和你的情况不同，他必须听你的安排；要使他知道这一点，学到这一点，意识到这一点；要使他及早明白在他高傲的颈项上有一副大自然强加于人的坚硬的枷锁，在

沉重的生活需要这个枷锁之下，任何人都要乖乖地受它的约束；要使他从事物而不从人的任性，去认识这种需要；要使他了解，使他的行动受到拘束的，是他的体力而不是别人的权威。[2.57]

很奇怪，一个人竟想教孩子不要依靠父亲或可以替代他们父亲的人，除非因为不可避免的需要。卢梭让孩子知道，他受强力支配，必须学会依靠；而且，这种依靠使他认识到必要性的沉重束缚。这种束缚是自然强加的，自然让他适应和承受。在我看来，那样的依靠状态非常可悲，它近似于奴隶对于暴君的服从，能够瞬间让他毁灭。即便每个生命有限的人都服从——无论多么不愿意——专横的必要性的束缚，这种服从都并不妨碍心灵经常反抗，或低声抱怨压迫心灵的重负。孩子对父亲的服从不应该是这种；对学校的服从也不是这样，在学校，孩子应该学会忍受必要的束缚。完全建立在更大的不可抗拒之力上的服从，只会激起害怕、反感和想要解放的冲动。孩子按照这样的原理来教育，只会恐怖地受到权威的折磨，不管那是怎样的权威。他忍受束缚，直到难以忍受为止，但他的心面对这种冷酷的必要性时会颤抖，他会想方设法摆脱束缚。我想问，具有这种性情的孩子，他在置身的世界里可能成为好公民吗？我知道，按照卢梭的原理，人类一切权威都应该废除。或许，这是几百年来最有原创、最为新奇的观念。牛顿的发现虽然神奇，但在某种程度上依靠了古代理论，古代理论里包含了它们的种子。废除一切人类权威,从父亲对于孩子的权威开刀,卢梭的思想属于首创。但是,面对这种即将到来的大革命——欧洲将分成三四十万个城邦,在每个城邦,天生的自由若想保持得很好,只有把一个人投入监狱,才能迫使他自由——看起来一个人冒了巨大的风险,用这些原理教育孩子,这些原理与迄今存在、可能在相当长一段时间内依然存在的君主国和共和国的统治都毫不一致。

我们且参照自然,看看它是否安排了更温和的纽带,建立那种孩子对生养他的父母的依靠。卢梭为我们指引了这条路。儿童天生对父母就有依赖的感情。

> 孩子知道了应该爱他的母亲,他才会爱她。如果血亲之情得不到习惯和母亲关心照料的加强,它在最初的几年中就会消失,孩子的心可以说在他还没有出生以前就死了。从这里,我们开头的几步就脱离了自然。〔1.55〕

遭到母亲打骂的孩子,不会把自己托付给最先来到他身边、竭力用爱抚吸引他的人。他要回到母亲身边,极力用拥抱软化她的心,只有在她的胸膛他才能找到安慰。孩子对父亲也有类似的感情。

孩子很容易发现,他们属于那些给了他们生命的人。他们认为自己是亲手做出的小球的主人。对于属于自己的东西,他们觉得可以主宰;这让他们认识到类似的权力关系,拥有他们的人，可以主宰他们。

孩子知道，父母爱他们，父母行使权威，纯粹是为了他们好。他们意识到，自己没有能力获取普通的生活必需品，父母主动关爱他们，父母更懂得什么适合他们。

我们通常在十岁孩子的身上发现这些观念。因此，孩子能够认识到父母身上有四种权力。（1）第一种权力是建立在体力的优势上，但这或许是孩子最少考虑的权力。（2）第二种权力来自给了他们生命这一事实，凭借这种权力，父母负责管教他们。这种权力他们是认同的，并且认为是大不同于拐走孩子、藏在山洞里的强盗的权力。在这个问题上，孩子还不知道如何用巧妙的语言来表达。倘若有人问他们，从他们的回答中，可以看到，他们非常清楚，强盗抓走别人的孩子，做的是坏事，但父亲完全有理由命令孩子做这做那。（3）第三种权力来自什么对他们有好处的认识，这要求孩子服从，事实证明，服从对他们有好处。（4）第四种权力受到了爱的制约，要求孩子回报感情和感激。至此，我们谈论的建立在几种动机之上的依赖，实质上就是服从和孝顺。

对于这些动机，且让我们加上对上帝的怕，这个动机有巨大的能量，指引孩子向善。应该告诉孩子，上帝会奖赏服从的孩子，惩罚不服从的孩子。对这些有益的格言有了印象，他们仍然新鲜的灵魂会立刻开启。他们初生的理性不会有任何反对。他们还没有借助堕落来反对真理的力量。他们不知道，这是思考者的特权，绝不相信俗人相信的东西。因此，心灵会拒斥这些美丽的情感的孩子很难找到。圣灵借助智者便西拉之口，说出了这样的德训，用于教导孩子：

>小儿女们，你们当听我言，对于你们的父亲有应尽的义务。你们若遵从我的话，就可以得救。因为主愿意做儿女的各个尊敬他的父亲，并要做儿子的对于他们的母亲尽义务。孝顺父亲的可以赎罪；尊敬母亲的犹如储蓄珍宝。孝顺父亲的，他的子女必使他欢悦，祈祷的时候，主必定俯听。尊敬父亲的必享大寿；使母亲心安的必得主的赏赐。敬畏主的当孝顺其父。奉养父母，当与事奉主人一样。我儿啊！当孝敬你的父，要言行相顾，则各样的福恩就必临到你的身上。父亲的祝福可以为后裔立稳固的基础；母亲的诅咒可使子孙如同细草被人拔除。你不要以为父亲受羞辱便是自己的荣耀，因为你父亲受羞辱与你的面上毫无光彩。一个人得荣耀，因为他父亲得了荣耀。谁不孝敬他的母亲，他必然多犯罪。我儿啊！父年老，你当扶助他。父在世的日子，你不可使他心中忧伤。老人心志衰颓，为人子的应当处处让步。不可以为你正在年富力强的时候就藐视老年人。善待父亲的，在主的册，必不涂抹他的名。且能坚定不移地做了赎罪的善事。你受苦的时候，主必定纪念你的善行，消灭你的罪恶，如同暖气消融严霜。藐视其父的如同亵渎上帝；诅咒其母的与激怒创造的主无异。[《西拉书》3:1–17, 7:27–28]

这不是卢梭的哲学。但我们至少承认，这更适合维持家庭的安宁、秩序与和谐，更适合塑造人，使他从温顺的孩子变成有德行的公民，借此对人类的幸福做出贡献。

我们能够附和卢梭的原理吗，"任何一个人，即使是他的父亲，也没有权利命令孩子做对于他一无用处的事情"？[1.33]自然的创造者指派父亲抚养孩子，在委以此任的过程中，赋予他们行使职责必需的权威。但上帝，在把抚育孩子的职责加于父亲身上时，完全没有对孩子提出对父亲的义务吗？如果这是公平的，父亲应该为了孩子的缘故而劳作，那么孩子为了父亲的缘故而劳作，不也同样公平吗？因此，父亲为什么没有权利命令孩子做事，虽然这些事情可能对孩子没有好处，但可能对父亲有好处？

有人可能滥用一种权利，但这不总成其为剥夺这种权利的理由。有人把钱财挥霍于赌场，他的确是做错了。但我们是否可以说，因为赌博，他就没有权利支配他的财产？父亲不应该命令孩子做绝对无用的事情。但只要是他在管理家事，孩子就有义务服从，只要不是去犯罪。

总之，无论怎么说都不过分，卢梭的学说绝不适合维持家庭安宁。这样教育出的孩子，会把自己的判断置于父亲的命令之上。孩子想知道，他得到的命令对他有无好处；出于自命不凡，他若发现接到的命令没有好处，他就会相信卢梭的话，认为父亲没有权利命令他。他会不服从，或者带着恶意服从，小声抱怨或大声挑战父亲权威。一种教育的后果是如此危险，其原理能正确吗？我相信，假若孩子得到的教育是父亲没有权利命令孩子做任何对他没有好处的事情，那么，生活在甜蜜和谐家庭——卢梭不无理性地推崇这种家庭，他用迷人的色彩真实地描绘了这种家庭——的父母会痛心疾首。[1.52]

作为同样原理的后果，卢梭提出了以下的定理，这个定理似乎要求某种修正："孩子依附于父亲，也只有在需要父亲养育的时候。"（我们看到，他应该补充一句，"以及需要引导他们行为的时候"。）"这种需要一旦停止，自然的联系也就解体了。"[《社会契约论》第1卷第2章]

有一个天主教会学校的医生，他受到格劳秀斯（Grotius）、莱布尼茨（Leibnitz）等哲人的尊重，但却遭到只知其名的大众的鄙视。他用大不同的眼光看这件事情，但更与自然的目的一致，也就是说，与天命的设计一致。我们在他处理婚姻纽带的稳定之时发现他的观点。我只转述与这里的话题直接相关的东西。他首先说，在那些动物中，只要雌性动物独自可以喂养幼兽——正如四足动物，雌性动物天生有奶——雄性动物就不必和雌性动物在一起，可以立刻弃之而去。相比之下，有些族类，如果抚育幼兽，必需雄性动物的配合，那么，要等到幼兽长大，不再需要帮助时，雄性动物才会和雌性动物分开。我们在鸟类身上看到这点。鸟类没有天生为小鸟储备奶水来喂养。鸟爸爸和鸟妈妈要轮流飞出去为小鸟觅食，总有一方留在巢穴，保卫小鸟，为它们御寒。在人类中，比起其他族类，儿童的教育更需要父母的合作，因为孩子不仅需要身体的营养，还需要精神的教导。

也可以这样说，其他动物天生有一种本能，自然赋予它们一种艺术和劳作，迅速且毫无例外地指引它们追求保存和防卫所必需的东西。只有人没有类似的本能，因为理性意味着用来为他服务，作为行为的规则。现在，理性还不能正确引导他，除非理性本身受到审慎的启蒙。这就是为什么孩子相当长一段时间内需要父母引导；父母有经验的指引，能够和孩子分享获得的洞见，帮孩子形成判断，在条件合适时，教孩子在生活中如何行事。当孩子的身体开始强壮，当其情感开始发挥作用，在这个年龄，这种教育特别必要。这个年龄的理性还很脆弱，激情却很猛烈；这个年龄的孩子最需要约束和纠正。这种关怀的责任尤其落在父亲身上，因为父亲更成熟，能够提供教育，也有更大的力量来矫正孩子的错误。[1]

可以肯定，这才是符合自然和理性的观念，因为我们看见，有序的国家保存了习俗，保存了法律和权力，维护了父亲的权威和（相应的）对于长者的尊重。孩子过早的自由会引起的邪恶，在此不再赘述。

---

[1] 我们补充这段孟德斯鸠（Montesquieu）在《论法的精神》(The Spirit of Laws，第23章第2节）中的话："对于动物来说，母亲通常就可承担这个义务。人类抚养子女的义务更加广泛，人类的子女有理性，而理性是一步步地成长起来的。单单喂养他们是不够的，还要教导他们，当他们已经能够生活时，他们还不能管理自己。"——作者原注

第二部分
对具体教育方法尤其是课程的反思

16. 论给孩子讲道理

现在我们转到卢梭的具体教育方法。

> 要给孩子讲道理，这是洛克的著名观点。此观点在当下蔚然成风。然而，其成功在我眼里不等于美誉；在我看来，一套套大道理，只会让孩子愚不可及……良好的教育，旨在成就有理性的人，可是他们竟然说，要用理性来培养孩子！这是本末倒置，把目的当手段。孩子要是懂得什么是理性，就用不着培养了。[2.51]

洛克的这个观点其实没那么糟。如果用起来不完全灵验，那是因为很少有人（我是指负责儿童教育的人）能够根据孩子的需求来讲道理。与其给孩子灌输道理，倒不如手牵手引领他们。且听我解释。

通过观察儿童的言行，我们很容易发现，他们已经开始运用能力，把不同想法相结合，把身边的事物进行对比，并按照自己的设想来加以排列。这就是推理的初步尝试，不外乎是一种排列的能力。倘若他们组合出来的东西比例不够协调，那么产生这种欠缺的原因，往往是因为兴头上的他们忽视了某个过渡想法，即便那是一个通常对他们来说简单易懂的想法。这个时候，我们就该把这个想法提出来，并且会看到，他们自己会运用推理来更正错误。我觉得，这就是通过跟孩子讲道理来教会他们逻辑思维的方法。孩子在纸上胡乱画出一个人和一栋房子：人跟房子能一样高吗？让孩子认识比例的错误，教他构想物体的正确比例，把各自位置安排妥当，难道还有比这更简单的办法吗？

贺拉斯发现，儿童把表现最好的人视为至尊。这一结论，正如我们所看到的那样，证明儿童有能力理解道德观念；他们知道，评定优劣、判罚奖惩，是跟善、恶、职责、权威和服从相关联的。我并不是说，要用抽象的定义和分类的方式来跟他们解释这些。我要说的是，要想让孩子们理解这些观念，必须尝试在具体的行为中体现这些观念，让他们在这些行为中看到自己的影子，从而感同身受。因为在同伴那里受了委屈，孩子去向老师投诉；他要求得到赔偿，要求同伴得到惩罚。这一现实情景提供了大好机会来教育孩子，让他通过亲身经历，懂得上级权威的必要性：可以维持秩序，防止坏人伤害好人，并且要全体服从。有无数相似的例子可以提供同样的好机会，来阐释各种道德观念，让孩子们在现实生活中理解亲近美德、远离邪恶的原因所在。

举个例子。下面这篇文字，是关于实际场合中可以讲给孩子听的道德观念。这些观念完全不会超出孩子的理解范围，因此可以用在给他们讲道理的主题和场景当中。所谓观念，用卢梭的话说，是指由关系决定的概念。下文中的细节也许过于琐碎，但要知道，我们是在用孩子的语言说话。

（1）你要是爱亲爱的妈妈，就不可以让她不高兴。很浅白的观念，同时也是个推理过程，一个由关系决定的观念，一种手段，可以让孩子感知心灵的情感与所对应的行动之间的联系。

（2）痛苦的时候，你希望得到安慰；因此你也应该安慰他人。这里说的是一颗积极同情他人的种子，一种品质，假如能占据每个人的心灵，将会成就全人类的幸福。

（3）瞧那衣衫褴褛的人。你认为你比他强，因为你穿得比他好？你难道不知道，四海皆兄弟，而这个穷苦人，如果他比你睿智，他在上帝眼里也会比你伟大吗？无论孩子生于何种家庭，我们都应该不厌其烦地提醒他：他是人。他生于悲苦吗？那就教导他：他是人，他的灵魂因此不会卑微。他生于奢华吗？那就教导他：他是人，他的灵魂于是不因自负而膨胀。要让孩子明白，他生而为人，因而须有自尊；要让孩子知道，倘若把身份看得比本性还重要，这样的灵魂其实最为卑贱。

（4）假如给驴子披上华美的装饰，它不仍旧是头驴吗？穿戴华服的孩子也一样；如果他没有智慧，他的华服并不会使他更受人尊重。这个原理与上一个紧密关联。

（5）你小小年纪，却装作比别人懂得多？孩子不应当言语轻率，应找机会让他们知道自己还不具备品评事物的能力。要纠正这种说话的腔调，更要纠正这种放肆的态度。

（6）十岁的少年，因为一点小伤痛，哭得像个四岁的娃娃，这样合适吗？你看看男子汉会不会为了区区小事哭鼻子。要教育孩子用荣誉感来战胜痛感。

（7）吃东西像饿虎扑食，狼吞虎咽，这样不害臊吗？通过类比来强调有关人的尊严的高尚观念，此方法不应被忽视。这对治疗卑微和傲慢，也同样是一剂良方。古人所讲的"得体"乃源于此；我姑且称之为体面吧，假若这个字眼并非仅指外表的虚荣。

（8）要想让同伴喜欢你，你必须做个热心人。

（9）乖戾、好斗嘴的人，大家都讨厌。

（10）不耐烦能给你带来什么好处？只会加剧你的痛苦。要知道，忍耐可以减轻痛苦。

（11）你无所事事却不感到羞耻？看看左邻右舍；他们专心做事，因而获得尊重。懒汉到哪里都让人瞧不起。

（12）劳工和匠人必须通过劳动来糊口。你能够想象上帝造出富人，为的是让他们游手好闲吗？富人和穷人在上帝面前是平等的。上帝的旨意是：各司其位，各谋其事。

我认为，这些道德观念并没有超出孩子的理解力，因此可以在具体情况下成功地使用，来激励孩子热爱美德，并阻止他们行恶。然而，卢梭的看法是："良好的教育，旨在成就有理性的人，可是他们竟然说，要用理性来培养孩子！这是本末倒置……"[2.51]此言差矣。理性在教育初始时的状态不同于理性在教育结束时的状态。理性是一种可以成长和进步的能力。理性萌发时（你可以将其定在任何年龄段），是极度弱小的。究其原因，是因为头脑还缺乏观念，或者说，缺乏理性的素材；同时也是因为头脑在组合观念、发现关联，以及从中推演出其他关系等方面还缺乏锻炼。处于这种不完善状态中的理性，需要获得帮助和支持，从而得以逐步、快速地提升，得以达至稳定和成熟，即教育的主要目标。这一过程既不矛盾，也不神秘。书法老师的主要目标，是教会学生写好字，为此他让学生从字母描红开始。谁会说，这是本末倒置呢？绝对不会。小孩子天生喜欢描红，但是一开始难免写得走形难看，需要有水平的老师指导，才能最终驾轻就熟。如果有人不赞同这种方法，还假装要指出，这是本末倒置，并且一本正经地说："书法老师授课的主要目标是教会学生写字，可是他却让学生从写字开始？"对这样的人，你能说什么？——我的朋友，你能忍住不笑吗？

17. 卢梭的对话歪曲了跟孩子讨论是非的方法

卢梭说：

如果从小（对孩子）讲他听不懂的语言，就会让他养成一种习惯，比如耍嘴皮子，不听劝，自以为跟老师一样高明，爱争辩，不守规矩……。[2.51]

假如让洛克来跟孩子讲道理，就不会有这种情况发生。孩子行为失当，并非源于卢梭所反对的方法，而是源于老师缺乏经验，不注意方法，在孩子面前卖弄学问而不顾后果。跟孩子讲道理，不是为了教会他喋喋不休。最有害的，莫过于把孩子变得不像孩子，尤其是变成他们不应有的样子。

卢梭继续这一话题：

我们正在讲给孩子的，以及能讲给孩子的所有的道德课，几乎都可以归纳为下面的对话模板：

老师：不可以这样做。

孩子：为什么不可以？

老师：因为这样做不好。

孩子：不好？什么是不好？

老师：做禁止做的事。

孩子：做禁止做的事有什么不好？

老师：不遵守规矩就会挨罚。

孩子：但是我可以弄好，这样谁也不知道。

老师：别人会看到的。

孩子：那我偷偷做。

老师：会有人问你的。

孩子：那我就撒谎。
老师：你不可以撒谎。
孩子：为什么不可以撒谎？
老师：因为这样做不好……

免不了要继续这样兜圈子。快停下来吧，孩子已经听不懂你在说什么了。这不是最有用的教育方法吗？我很好奇，可以用什么来替代这组对话。洛克本人也一定十分困惑。明白好与坏，感悟做人的责任中的道理，不是一个孩子的本分。[2.52]

注意，他此刻谈论的是一个十岁的孩子。
我相信，不需要洛克，我们也可以针对这一对话模板进行反思，甚至可以在某些地方做一些替换。

老师：不可以这样做。

首先我要指出，作为老师和孩子之间对话模板的基础，这里面的第一个问题太过笼统。我们已经知道，不应把有关善恶的抽象笼统的概念拿来跟孩子讲道理。应该先让孩子在具体的行为中看到善恶，再来分析这些行为。因此，要制作老师跟孩子的对话模板，就有必要去设定某个确切的行为；该行为引发对话，并且能让我们具体应用善恶的概念，而无须靠模糊笼统的语言去解释。这就是卢梭对话中的那个老师词穷的原因。对话本应是这样的：

老师：不可以打同伴。
孩子：为什么不可以？
老师：因为这样做不好。
孩子：不好？什么是不好？

我知道在第二次追问中，孩子更有可能问："为什么不好？"而不是"什么是不好？"他更有可能想知道把他的行为视为不好的原因，而不是对于什么是做错事的一个笼统解释。即便如此，如果讨论任何特定的行为，比如孩子打了同伴，老师都不可能想不出如下的回答。

老师：你忘记了别人打了你，你是怎么诉苦的？你不觉得他做错了吗，不应该挨罚吗？现在你也打了人，你也做错了，你也应该受罚呀。

这一推理过程不会超出十岁孩子的理解力，而且似乎可以让孩子借助亲身经历，牢记这句至理名言：己所不欲，勿施于人。
不过，为了继续卢梭的对话，我们来想象另一个行为，该行为本身无可厚非：

老师：你不能进那个房间。为什么呢？因为你的父亲禁止你进去。

　　孩子：我做禁止做的事，有什么错呢？

　　能问出这样的问题，这个孩子不是卢梭想象得那么友善。他对于恶的理解，全然不同于对话中对他的错误的定性，即所谓错误，就是去做禁止做的事。因为假如他只是这样理解错误，他就不会问："我做禁止做的事，有什么错呢？"因为，如果他对于错误的理解不外乎是做禁止做的事，那跟这样问也没什么两样——"做错事有什么错呢？"——一个小孩子都不会去问的问题。他会直接问："我为什么不可以做错事？"或者"为什么我不能做不让做的事？"可是，如果他问"我做禁止做的事，有什么错呢？"很显然，他所理解的错或恶的概念，并不取决于禁令；他想知道，禁止他做的事跟所谓的恶，两者之间是什么关系。

　　老师：要是不听话，你就会挨罚。

　　回应这句之前，老师难道就找不出更好的说法，来告诉孩子不该不听父亲的话吗？父亲是给你生命的人。你的一切都是他的恩赐，你属于他。他的责任是引导你。上帝要孩子听父亲的话。他会让履行该义务的人延年益寿，他会对忽视义务的人严厉惩罚。所以他可以这样说：

老师：看不见的人给看得见的人引路，还是看得见的人给看不见的人引路？

孩子：看得见的人给看不见的人引路。

老师：很好。你就是看不见的人，而你的父亲是看得见的人。

孩子：怎么是这样？

老师：没有父亲，你怎么去得到麦子，做出面包？（老师应该举出生活中的真实例子，让孩子明白自己的无知），所有这些重要的事情，你都看不见，而你的父亲全都懂。并且，他爱你，做的每件事都是为你好。因此他的责任是引导你，而如果你不听他的话，你就是在做错事。

现在回到卢梭的对话：

孩子：但是我可以弄好，这样谁也不知道。

老师：别人会看到的。

孩子：那我偷偷做。

老师：会有人问你的。

在《爱弥儿》后几卷中，卢梭承认，正因为有对未来奖罚的应许，自然法则才有了充分的约束力。[4.308-309]他谴责了一些人的错误道德观，这些人自以为可以豁免于最高立法者的意志。难以相信，做父亲的或当老师的，会不去利用畏惧上帝这个主题来阻止孩子做错事，尤其是在孩子以为可以隐瞒这种行为的时候。硬要说十岁的孩童不会有此恐惧心理，这与经验背道而驰。如果我们没能早早教会孩子这些道理，就不要寄望他们会有诚信的人生。

我们来换一个不同的回应：

老师：就算你能偷偷地不让别人看到，上帝还是会看到你，还是会惩罚你。

不过，我们还是紧随原来的对话：

老师：会有人问你的。
孩子：那我就撒谎。
老师：你不可以撒谎。
孩子：为什么不可以撒谎？
老师：因为这样做不好……

何不换成这样的说法：假如有人要给你一个袋子，说里面装着杏仁糖；你急切地打开袋子，希望拿到礼物，却发现里面只有石子。他们对你撒谎，你认为没有错吗？撒谎是否有错，现在你懂了吗？或者换个更好的说法：你撒谎被揭穿了，不感到羞耻吗？想想你口是心非时的那种内疚的感觉。

我无意在此提供一个对话模板。洛克本可以做一个的。然而，我所说的已经能充分表明，这样的模板并非不可能。

我们不用跳进恶性循环的圈子，也不用超越孩子的理解力，就可以让他们在具体行为中体察善恶，理解职责义务之中的道德内涵。

给孩子讲道理，最好的方法之一，就是让他们通过范例来构想应笃行的善举和应规避的恶行。贺拉斯的贤父就用此法来教育儿子。对此，贺拉斯本人在其讽刺诗集第一部第四篇中做了深刻的描绘。科斯特（P. Coste）说，肩负养儿育女责任的人，都应该熟读此篇，不仅牢记于心，且能时时念及。

18. 论孩子对观念的把握能力

论及适合孩子的学习内容，卢梭断然谴责了古往今来最有水平的老师一直采用的方法。在他看来，寓言、语言、历史、地理、年表、几何，无一适合于不满十二岁或十五岁的孩子。我承认，这些教学活动，尤其是私人教育中，存在很多方法失范的状况。这些无谓的方法往往产生"小医生和小老头"[2.54]或"昙花一现的神童"；对于这种不快乐的成功，卢梭痛心疾首，也是情有可原。这个话题，多年前在意大利刊印的一部作品中已有过探讨。

不过，把方法失范的害处当作借口，来完全禁止使用这些东西——可能是有用的东西——是不对的。就让我们来看一看，被卢梭一股脑儿排斥的这些学习对象中，是不是有什么可以拿来教给孩子。

首先，我认同他的这条应该反复强调的原理，即不能让孩子养成这样的习惯，满足于嘴上功夫，只会鹦鹉学舌却自以为是。有些学科，如果不能让孩子明确其中的概念，就不应该让他们开始学习。勾勒图画轮廓，最初的几笔无论多精确都不为过。假如最初几笔画不好，再怎样的浓墨重彩也无法掩饰比例的失调，而只会让缺陷更为凸显。模糊的概念只会让孩子产生困惑。他们什么都学不到，反而限制了进一步学习的能力，因为他们接受的错误观念会反复阻碍正确观念的接受。这种先入之见，往往固化为走了样的混杂印象。

让孩子免受其害的办法，并不是如卢梭的建议那样，把孩子的心智水平保持在完全迟滞的状态，因为这样只会让他们去接触和接纳有关身边事物的错误概念。我们不能为了阻止孩子的好奇心而拒绝教他们，并找借口说，孩子虽也能思考，但是做得不好。我们还是避免走极端吧。虽然不想卖弄学问，但还是投身到孩子的教育中去吧。让我们发掘他们的思想维度，努力保留他们的好奇心，大胆地教给他们与其能力相称的知识吧。让我们步步为营，确保在迈出每一步时，都能做出清晰的表述，获得透彻的理解。

卢梭回应说，往往正是在这个节点上，出了岔子：

> 学东西时，表面上的娴熟，是毁掉孩子的原因。娴熟本身就证明了孩子什么也没有学到，然而没人注意到这一点。他们的头脑如镜面一般光亮，把面前的物体反射回去。然而什么也没有留下，什么也没有领悟到。孩

子留存了大人的话；思想则被反射回去。听孩子说这些话的人都能理解这些话；唯独孩子自己不理解这些话。［2.117］

他补充道：

> 达到明理的年龄之前，孩子接受的不是观念，而是形象。两者的区别在于，形象只是对可感知事物的纯粹的描绘，而观念是由多种关系所决定的事物的概念……当你想象的时候，你仅仅是在看；当你思考时，你是在做比较。［2.118］

我们不妨认同这些说法，将其作为标准，辨别孩子是不是在思考，是不是把握了观念。假如我给孩子讲解倍数的特征，他虽然能复述出我讲的定义，但这不足以让我确定他已经把握了概念。我问他六、八、十二是哪些数的倍数，他能一一找出来。我不满足于这个证据，接着问他，二十五、三十六、四十八的约数有哪些。他略作思考，找对了几个，找错了几个；他认识到了错误，重整思路，纠正了错误，找出了剩下的几个，并且确信已经找出了全部。现在，我就没有理由怀疑孩子不理解我的讲解了。他掌握了由关系决定的概念，他能进行比较了。用卢梭的标准来看，他会思考，而且能掌握观念。我拿给他一幅图像，他能区分其中的细部，并将其组合成新的图像。这已经不再是一面只会反射光线的光亮镜子了；这是一面棱镜，可以让光线穿透，加以改变后，再折射出去。

卢梭意识到，可能有人会反驳说，孩子是可以学习几何初级知识的。他的回应是，这一观点对他有利：

> 这些小几何学家，连别人的推论方法都记不住，更不要说进行独立推理了。只要观察他们的方法，你会立刻发现，他们只不过是记住了图形的确切形状和论证的术语。随便拿个例子反驳，他们就卡住了；把图形倒放，他们就弄不明白了。他们的学习始终处于感性阶段，根本做不到深入理解。[2.119]

身处一个更认同几何学家而非哲学家的时代，我们现在讨论的是一个非常容易验证的事实。不妨观察一下有好老师指导的小几何学家们。我有充分的理由相信，他们能做的，可不仅仅是看图形和记声音。有些孩子能充分理解老师讲的内容，并且能通过最初印象，获得一种习惯、一种倾向、一种心性，进而有能力取得巨大的进步。但凡优秀的几何学家，十之八九从小就学习几何课程。卢梭不应置喙这一话题。教数学的好方法早已不是秘密。爱弥儿或许很了不起，超越了"当代的各色人物：某个法国人、某个英国人、某个中产阶级人士……某个无名之辈"，[1.18]但是毫无疑问，他永远不可能成为超越阿基米德或者牛顿的几何学家。

在《塞都斯》(Sethos)一书中，作者特拉松(J. Terrasson)谈道：

> 童年具有一个特殊的优势：正是因为我们在这个时期克服了入门学习的困难，才能对一些科学和艺术学科有透彻的理解。以我个人的不幸经历为例。实不相瞒，尽管我在人生的不同时期，用我自认为还不错的方式去尝试获取希腊人所推崇的知识，我也仅仅是学会了如何读书写字，因为这是仅有的两门我在童年时代就克服困难学习的学科。

这位谦谦君子的一席话，可以用来反观我们那位哲学家的略显轻率的论断。他的那套理论很容易鼓动父亲忽视子女的教育。对于一个疏于管教的父亲，还有比哲学家亲口说的，让孩子能做的最好的事情就是什么也不做这样的话，更中听的吗？他必然会把跟他的主导想法完全吻合的这一句箴言视为圭臬，并且还认为，因为怠惰，他自己也是个哲学家呢！[1]

19. 论寓言的教学

现在来谈谈有关适合儿童学习的内容的一些细节。卢

---

[1] "让他的心灵尽可能长久地保持空闲。"[2.69] 这里还有另一个相似说法，一样不同凡响："如果不先培养捣蛋鬼，就别指望能培养出聪明人。"[2.164]——作者原注

梭说："爱弥儿背不下任何东西，哪怕是寓言故事，哪怕是拉封丹寓言，他也背不下来。"［2.137］认为背诵完全不适合儿童，这说法过于片面；如果可以教给孩子好东西，为什么要忽视用练习来强化记忆，用好东西来充实头脑的方法呢？

> 世人怎会如此蒙昧，将寓言称之为儿童的道德准则？他们不去思考：道德故事在带给孩子愉悦的同时，是怎样欺骗了他们；孩子是怎样被谎言诱惑，而与真理失之交臂；改变教育方法去迎合孩子，并不能使他们受益。教育成年人可以用寓言，但是对孩子就要讲真话。一旦我们用面纱去遮盖真相，就不会再想去把它揭开了。［2.137］

因其教育思想而受卢梭景仰的哲学家柏拉图，就建议妈妈给小孩子讲寓言故事。他们并不会因为喜欢听这些单纯的故事而受到欺骗。十来岁的孩子，第一次听狼跟羊的寓言，是不会受欺骗的。他很清楚，狼从不跟羊说话。故事中掩盖真相的这层面纱不需要揭开。这是一层透明的面纱，可以让真相完整地展现，并且让故事更具有感染力。如果干巴巴地告诉孩子不应该恃强凌弱，这种轻描淡写对孩子只是浮光掠影，无法铭记于心。抽象笼统的格言对他没有用处。这类话语对他没有影响力，他听不进去的。但是，如果把狼跟羊搬上舞台，他立刻就来了兴致。他只需你讲给他听。他会全程专注，始终情绪饱满，有时还颇为激动。你会看到，他被羊的命运触动，他想要把羊从贪婪的狼口中夺回来。这就是这则寓言在孩子身上会产生的普遍效果。

即便只能展示给孩子"一幅孤立于（缺乏观点的）头脑中的图像"[2.118]，寓言仍不失为单纯的娱乐方式；而给孩子提供无须担心的娱乐方式，意义不可小觑。不只如此，因为图像还能传达观点和情感，孩子真切地感受到羊的天真、温和，以及它话语中的坦诚，因而怜惜它的弱小。他为羊担忧，并且学会了珍视羊的亲和力。相比之下，他憎恶吞噬小羊的凶恶野兽，从狼的傲慢、残忍、不公等令人生厌的特征中体会到恐惧和反感。没有哪个孩子会对寓言中展现的羊的温柔与狼的残忍形成的反差无动于衷。因此，孩子头脑中接受的不仅是一幅图像。他体察到了狼与羊的不同品性；他对这些关系进行区分和对比。因此说，他接受了观念，接受了伴随着积极情感的观念。这些观念让他同情弱小，激发他对残忍的恐惧，使他对用强权压制无辜的不公行径感到憎恶。这一切如果换成一堆空洞的大道理，就不可能产生同样的力度。

如果跟孩子直白地谈论善恶美丑，他的想象力就无法被触动，他就会闭目塞听，理解也就无从谈起。要让孩子理解善恶，就要把善恶形象化，让善恶动起来，让善恶在羊和狼的行为中展现出各自的特点。不需要告诉孩子善多么可爱，恶多么可憎，孩子自己会看见，会感受，会通过善恶留给他的不同印象来判断这些品性的不同。

集明断能力与完美经验于一身的昆体良（Quintilian），就曾英明提议，讲完了幼儿故事，再继续讲伊索寓言。他们应该先学习用单纯而熟悉的风格，配以生动的声调来讲寓言；之后再让他们把寓言放进写作中练习。

出色模仿昆体良的优秀的罗林（C. Rollin），其天赋和哲思或许略逊一筹。他没有公开评论寓言的用处，而是扼要勾勒了几位主要寓言家的特点：

>伊索的寓言全无装饰和美化，但是含义丰富，而且因为是写给小孩子的，也很容易让他们理解。斐德罗的寓言语气更为庄重，情节更为精巧，但也不乏简约优雅，其与雅典文体的简约风格，即希腊人最为精致典雅的一面，如出一辙。拉封丹深知法语并不以简约见长，因而采用了一种天真、原初的文风，这使得他的寓言极其生动，且自成一体，至今无人可以模仿。难以理解的是，为什么塞涅卡曾说，在他的时代，罗马人还不曾尝试这种写作方式。难道他对斐德罗的寓言未有耳闻？

由此我们可以认同罗林的观点，即伊索寓言可以为孩子所理解。我们只是希望能有哪位出色的作家把它译成法文，并采用昆体良所希望的译成拉丁文的那种文风，那种单纯、简单而熟悉的文风。面对这样一部作品，我们必须审慎地坚守语言关键的一环，毋庸置疑，这里指的是措辞得体。应避免一切象征的、含混的字句。每一样东西都有合适的名称；

每个词都应体现与其相称的准确含义。我明白好的作家会采用象征手法来让语言更为有力，更为优雅，更具有活力。我也同样明白，在日常使用中，当我们必须把一件事情讲清楚但又不知如何表达时，才有使用象征的必要。当我们苦于没有合适的词来表意时，才会借助象征，通过类比的手法，把原本无力表达的思想展示给他人。这类为我们所熟知的一词多义或者多词同义的模糊、混乱、不确定的用法，或许就是语言产生细微变化的一个原因。一部寓言集，如果能作为简朴叙事风格的典范，能严格遵循措辞得体的要求，将在很大程度上纠正这个问题。儿童可以通过这本书去理解字词的价值，进而懂得怎样去使用它们。需要有好的文笔来成就这样一本书，让世人受益。

与通常认为是伊索本人写的寓言相比，斐德罗（Phaedrus）的寓言要显得庄重许多，因此并不那么适合孩子。毕竟他也不是写给小孩子看的。他把取自伊索寓言的故事框架配以优雅的文风，以此来取悦有品位的人士。这明显体现在其作品的序言和他对批评者的回应中。他对转抄的指控做了辩驳，认为他的功劳在于完善了伊索尚且幼嫩的寓言体裁。他在很多寓言中大量使用诗歌体裁，因而无法兼顾措辞得体，而这恰恰是对学习语言的儿童最为关键的。使用拉丁文的斐德罗无法与使用希腊文的伊索相提并论。用昆体良的标准来看，他的寓言不适合儿童。

或许是出于这一考虑，塞涅卡（Seneca）才认为罗马人在这类写作手法上还不够娴熟。塞涅卡书中有这样一段话：

"鄙人不敢冒昧促请你用一贯优雅的文风,来重塑尚无罗马人尝试的伊索寓言。"说这话前,他一直在称颂克劳狄乌斯(Claudius)的最爱波利比乌斯(Polybius),因其翻译了荷马和维吉尔,准确地说,把荷马译成了拉丁文,把维吉尔译成了希腊文。他似乎希望(因为塞涅卡一书可谓极尽阿谀之能事)波利比乌斯也能转向伊索寓言,将其译成拉丁语。潘西安努斯(Pincianus)是想让我们读"convertas"(转换),而非"connectas"(连接),不过通过保留后面这个词,我们可以说,塞涅卡敦促波利比乌斯在翻译荷马和维吉尔的基础上,再添上寓言。塞涅卡想要一些有伊索风格的东西,而斐德罗完全不是伊索的风格。不过,塞涅卡或许没有把斐德罗算作罗马人,因为他生于色雷斯。我们知道,斐德罗已被遗忘许久。假如他采用更简明的风格,或是满足于当一个拉丁人的伊索,他也许会更为知名。他不曾想到,虽然他因为风格原因置身于孩子的世界之外,却又因为主题的原因被拉了回去,结果是无论老幼都不去读他的书。要想在拉丁诗文中体验哲思,那就拿起贺拉斯,放下斐德罗吧。

斐德罗仅仅是提升了风格;拉封丹(La Fontaine)则懂得要提升主题。他的寓言不只是寓言,而是各类人物和活动的图画,展现着人生舞台。他不仅描绘了善、恶等各类道德品质的显著特征,同时也出色地刻画了因为社会习俗和行为的影响而发生交杂和改变的各类形象。他通过展现这些角色假扮的模样,来告诉世人它们的真实面目。他懂得如何用高超的手法把两种貌似水火不容的特征——细微和简约——合并起来：他拥有把微妙的暗示和准确的陈述相结合的能力。必须承认，这种安排很容易获得有品位人士的喜爱，但是也同样适用于年幼人群的教育和娱乐。拉封丹曾频繁使用的一些词语如今已经废弃不用，这对于在异国长大的孩子的确会很不方便。不过在法国，这种日常对话的文风可以给孩子用作惯用法的参照和标准。

尽管如此，我确信，大量阅读拉封丹寓言会让儿童受益。他们不能全部读懂，但是可以读懂一点，而这一点就可以带给他们快乐和教育。卢梭对此持相反观点。他尝试分析乌鸦与狐狸这则寓言——他视其为拉封丹的杰作——来证明其观点。接下来我会对他的分析做一些探讨。

首先我要说，寓言主题没有超越他们的认知范围。小孩子都喜欢别人夸奖，我们可以由此告诉他们什么是阿谀奉承。他们也很乐意有一点点钱，要么存起来，要么买玩具或是糖杏仁。我们还可以帮助他们懂得，有些有钱人，傻到喜欢被别人奉承；他们不去行荣耀之举，比如把财富分给有需要的人，而是大把地浪费在那些奉承他们的卑鄙之徒身上。总有些聪明人，知道怎样利用有钱人的愚蠢，并且在拿了他们的钱后，还要在大庭广众前取笑他们。不过，这些马屁精的诡计是卑鄙可耻的勾当，为诚实的人所不齿。所有这些，只要提供充足的例证，孩子是不会不理解的。

不过，我们还是看看卢梭是怎样分析的吧。［2.141］

寓言
乌鸦和狐狸

乌鸦师傅,栖息在树上。

师傅!这个词本身指什么?放在专有名称后指什么?用在此处表示什么意思?[2.141]

师傅一词有几种含义。在专有名称后用来称呼手艺人,比如,修鞋师傅约翰。它比**先生**一词级别要低;先生是放在姓的后面,用于地位较高的人。乌鸦师傅和狐狸师傅,在这则寓言中表明它们都是地位普通的人。这些孩子都懂,也能清楚地区分园丁罗伯特师傅、法官先生、长官先生的不同。

乌鸦是什么?[2.141]

是一种并不少见的动物。如果孩子没见过,那就给他看一看。要让孩子学习认识现存的各种事物。这是他们受教育的一个重要环节。

嘴里叼着一块奶酪。

什么奶酪?是瑞士奶酪,布里干酪,还是荷兰奶酪?如果孩子没见过乌鸦,你跟他讲乌鸦又有什么意义

呢？〔2.141〕

我们要等到孩子看见鲸鱼，才跟他讲鲸鱼吗？

如果他看过乌鸦，他怎么能想象乌鸦嘴里叼着一块奶酪呢？我们还是始终依照自然来构思形象吧。〔2.141〕

好建议。不过，这并没有超出自然的边界。不是所有的奶酪都会做成格吕耶尔或者洛第奶酪（Gruieres or Lodi）那么大块。有些做得非常小，乌鸦可以很容易叼在嘴里。

狐狸师傅，被香味吸引。

又一个师傅！不过对于狐狸也算名副其实：耍花招他可是个老手。要讲清楚狐狸是什么，并能说出它的真实特征和在寓言中的传统形象的区别。〔2.141〕

这又是一个用自然历史知识来教育学生的机会。这不是浪费时间。孩子活在世界里，认识他周边的生灵是件好事。

"被香味吸引！"树上的乌鸦嘴里的奶酪，居然被树丛或洞穴中的狐狸闻到，这奶酪的气味一定相当浓烈吧！难道你是用这种方法让学生去领会审慎批评的要

义：以真实可信为唯一准绳，懂得怎样从他人的话中辨别真伪？〔2.141〕

自然历史有无可辩驳的证据表明，很多动物都拥有敏锐的嗅觉。这一点卢梭心知肚明。这类奇妙的现象多不胜数，应该讲给爱弥儿听。这类知识具有教育和娱乐双重功能，可以让爱弥儿领悟至关重要的、审慎的批评的要义：不以我们自身感觉作为衡量现实或事物活动的标准。普通人判断热或者气味这类特性的传播，靠的是身体获得的印象。如果停止感受热或者气味，他们就认为热或气味不存在。这个常见错误，似乎也在此误导了我们这位大作家的文字。他在十步之外闻不到奶酪，因此认为奶酪的气味不会传得更远。他甘愿被这一证据所误导，这样做显然是没道理的。尽管实事求是地讲，批判的作用就是让自己完全不被误导。基于充分的理由来让自己被误导，这岂不是等于找理由来欺骗自己？

对他讲了这番话。

这番话！就是说，狐狸也会说话了？那么，狐狸跟乌鸦讲同样的语言吗？英明的导师，拜托认真一点。斟酌之后再答复不迟。这比你想象的要重要得多。〔2.141〕

十岁的孩子知道，乌鸦不说话，只会呱呱叫；狐狸不说话，只能呦呦叫。他知道这里用的语言只是虚构，其目的是让狐狸代表狡猾的谄媚者，乌鸦代表愚钝的傻瓜。

> 嗨，你好啊，乌鸦先生！

> 先生！在知道这是尊称之前，孩子就已经知道这个称呼带有嘲讽的意味了。说"乌鸦先生"（Monsieur du Crow）的人，要想解释清楚这个"du"，免不了要先做一番其他的解释。[2.141]

哪有孩子会不知道先生是尊称？他会用先生来称呼家人的朋友，而不会去称呼仆人。在法国受教育的孩子都知道，"de"或者"du"是用在有头衔的人身上。乌鸦先生（Monsieur Crow）是中产；"Monsieur du Crow"则表明是贵族。告诉孩子，狐狸急于奉承乌鸦，假装十分崇拜他，故而称其为乌鸦先生，而不仅仅是叫他乌鸦师傅。

> 你真是迷人啊！你在我眼里真是俊美！

> 多余、无用的赘言。孩子看到你用不同的词来重复同一事物，也就跟着学会言语邋遢。[2.141]

卢梭过于挑剔了，他甚至在跟爱弥儿的对话中也谨守这一严苛的规则！

你如果说，冗言是作者的一种艺术手法，是狐狸刻意做出用词语重复赞美的样子，这样的借口在我这里还说得过去，在我的学生那里可不行。[2.141]

小孩子想要你抱他，以此获取你的欢心时，你注意看他是不是知道怎样去改变表情，怎样说好听的话。只需告诉孩子，那是狐狸常见的伎俩，用来博取乌鸦的欢心。

实不相瞒，如果你的歌喉

实不相瞒！就是说，我们有时候会撒谎咯？如果你告诉孩子，狐狸说"实不相瞒"恰恰是因为它在撒谎，孩子会怎么想？[2.141]

无须担心。让孩子在幼年时期就知道世上有坏人，这不是件坏事。告诉他世上有心术不正的人，他们撒谎、骗人，并且为了掩盖其目的，装作正派的模样。告诉他，那些恶棍迟早会被揭穿，受世人唾弃；那些人是社会的蛆虫，人人避之不及；他们是人类社会的渣滓。这一课是不会白上的。

能与你的羽毛相称

相称！这个词指什么呢？教孩子去对比叫声和羽毛这两种有着巨大差别的特征，那就看看他们能否理解你

吧![2.141]

相称,此处指相匹配。相配、合适、对称,这些词会自然地出现在孩子的脑海中。他们在自然和艺术方面的书中能看到这些词的相关例子;而且因为孩子善于模仿,他们会尽力在游戏中套用这些词语。无须气力,就可以让孩子理解家具的摆放是否对称,或者他制作的纸板房里,比如说两扇窗户,是否对称,并且知道为什么要对称。至于羽毛和叫声,并非要对比两种特征的相互关系,来找出颜色和声音的对称。实际情况要简单得多。让孩子观察,黄雀有美丽的羽毛,也有动听的叫声;相反,孔雀有美丽的羽毛,但叫声难听。孩子马上会理解,说黄雀的叫声和羽毛相匹配,是指他们叫声悦耳,羽毛悦目。而这种匹配在孔雀身上完全不存在,因为孔雀虽然羽毛夺目但是叫声刺耳。通过对比这些特征——不是相互间对比,而是就它们产生愉悦感的匹配程度做对比——孩子就不难体会,叫声也是可以跟羽毛的美丽相比较的。

你就堪称百鸟林中的凤凰。

凤凰!凤凰是什么?此处我们忽然置身于古老的谎言中,几乎是在神话里了。[2.141]

在这里描绘一下这种神奇的鸟,有何不妥呢?

对具体教育方法尤其是课程的反思

听了这番话,乌鸦喜不自胜。

一定要经历过非常强烈的情感,才能对这句成语有切身体会。[2.141]

我敢说,只有在儿时才能充分体会这句成语。儿时的心灵,往往自身并无情感;唯一的情感,来自穿透、充斥心灵的,纯净的、没有杂念的喜悦,尚未被不快往事的回忆和对灰暗未来的担忧所侵扰的,发自心灵深处的喜悦,恰似生命之花在了解自我,享受新奇世界过程中的初次绽放。它不同于那种被激发的热烈狂暴的快乐。它也不是成熟年纪所感受的那种快乐:到了这个年纪,越是为生存所牵绊,就越是难以感受生存的快乐;这种所谓的快乐,拖着厌倦的身影,与心灵偶尔擦肩而过,最终形同陌路。如此看,如果不回想一下儿时的光阴,我们还能理解这个成语的含义吗?

为了一展歌喉

别忘了,要弄懂这一句乃至整篇寓言,孩子应该知道乌鸦的歌喉究竟是什么样子。[2.141]

孩子需要知道乌鸦呱呱的难听叫声,同时也要知道,因为在寓言中乌鸦扮演傻瓜的角色,他荒唐地以为自己有一副可以展示的好嗓子。

> 他张开大嘴，美味应声而落。

这一句很精妙。韵律本身就非常形象。我仿佛看到一张丑陋的大嘴张开了；奶酪从枝叶间掉落。但是，这种美感孩子是体会不到的。[2.141]

我亲眼见过孩子被这一场景所感染，随后他们才明白这不过是故事中的一个场景。你难道不知道，我们可以跟孩子说，乌鸦张开他的大嘴，然后他嘴里的奶酪就从枝叶间掉了下来？不必怀疑这幅图画对生动想象力所产生的影响。给孩子指出来，尽管他是在听故事，但也好比是看见这一切就发生在眼前。接下来再告诉他什么是场景，他就明白了。

> 狐狸叼住奶酪说：我的好先生啊，

你看，"好"在这里已经变成"蠢"了。教育孩子真可谓不遗余力。[2.141]

没必要这样含沙射影。我们可以给孩子指出，狐狸得到奶酪后，开始嘲笑乌鸦。还有什么更适合用来警惕恭维，警惕上当受骗呢？还有什么更能让孩子懂得乌鸦的性格是多么可笑，狐狸的性格是多么可憎呢？

> 牢牢记住：

> 喜欢听别人奉承,就要付出代价。

> 笼统的说辞。根本听不懂。[2.141]

完全听得懂,因为这个笼统的说辞用在了一个具体的事件中。

> 乌鸦又羞愧又尴尬,

> 又是赘述;但这一次不可原谅。[2.141]

好吧。可是赘述又有什么大碍呢?

> 发誓,可惜晚了点,再也不上这种当。

> 发誓!哪个老师会傻到敢去给孩子解释誓言是什么东西?[2.141]

如果孩子要学习教理问答,那就一定要向他解释什么是誓言。我知道卢梭坚决抵制教理问答,但其立场是一个相对于宗教和哲学的悖论。[1] 我们前面讨论过孩子有能力理解道

---

[1] "我并不清楚教理问答最可能培养出哪种人,不虔诚的人,或是狂热的信徒,但是我很清楚会培养出这两种人中的一种。"[4.76](转下页)

德观念，就足以证伪这一悖论。

寓言带给孩子的好处可谓立竿见影，而且未来对他们的用处可能更大。寓言好比是人生的格言或寓意画。每一则寓意都是一系列长期观察的结果；我们可以从中了解人们在不同环境下的行为以及产生的结果。这并不是说，对于年轻人，寓言可以代替经验。我要说的是，寓言让孩子反思人生百态，从而使经验更为有用。要想得益于经验，我们必须懂得怎样把特殊的事例归于某条法则或某个常用原理，从而发现它们的内在关联。这基本上也是普遍规律在科学和艺术中的应用方式。多少人春去秋来，阅尽人间万象，却从未想过把相连的事件贯穿起来，以发现个中的因果关联。他们看似阅历丰富，其实不然。他们看得多，观察得少。人与人的根本区别在于反思和综合的能力。这种优秀的能力的养成需要有人协助。每个人都需要或多或少的建议来促使其进行反思。这就是学习寓言可能对年轻人产生重要影响的原因。步

（接上页）他在其他地方也提到，"教理问答中的答案都是误解。变成了学生教老师。从孩子口中说出的那些答案，其实都是谎言，因为他们讲的是自己并不理解的内容，确信的是自己不该相信的东西。请告诉我，即便是聪慧的成人当中，有哪一个在教理问答中不曾撒谎"？［同上］。天生失明的人，绝对无法体验别人口中所说的光和颜色。视觉的形式和效果对他而言是不解之谜。然而他丝毫不会怀疑下述事实：人的视觉可以让他发现远处的物体；中间放一块玻璃，就可让物体看起来时大时小；镜子可以展现人的正常形态，还能模仿他的一举一动；画家在帆布上搭配颜色，就可以让自然界中的物体在一个平面上凸显。盲人每天都会听到这些内容。他虽然体验不到，但他相信是真的。如果说不能体验的东西就无法去相信或肯定，这种形而上的原理可谓荒谬至极。拙著《宗教研究导引》对此问题做了辨析。——作者原注

入社会的他们，通常只看到事情的表象。一个青年会目睹众多的事件，这些事件对他来说是特殊和孤立的，因为他看不到事件中的原理或相互关联。他发现自己没有能力总结出一个可以作为行为准则的通用技巧。他要花很长时间才能学会怎样去利用他的人生经验。但是，因为寓言影射人生的各种状况，就可能出现这样的情况：一件事原本不会给这个青年留下什么印象，但是让他回想起与这件事相关联的一则寓言。对他来说，寓言的寓意，之前不过是模糊而不确定的一种说辞，而此刻应用在他经历的具体事例上，就实实在在地体现出来了。可以说，他在实践中懂得了以前只停留在理论层面的寓意。这就为他提供一个准则，来识别什么样的动机促使人们在特定环境下采取行动，他需要对哪些东西保持戒心，以及他应该怎样做人。这将是链条上的第一个环节，其他所有类似的事例都会与之连接起来。[1]

20. 论语言学习，尤其是拉丁语学习

就古语而言，我觉得让孩子在十一二岁前学习这些语

---

[1] 卢梭承认寓言有这种功能，但是他倾向于把读寓言故事的时间推后到成人可能犯错的时期，换言之，推后到寓言几乎不再具备娱乐或优势的时期。[4.140] 幼儿喜爱寓言中的场景，成年人则喜欢其中的寓意。然而在青年时期，人的热情开始转移，对寓言情景失去兴致，对其寓意感到厌烦。我们要让青年提防热情的冲动，好让他们免于陷入事后往往无法挽回的错误。"古人云"这句格言包含着古今经验所证实的真理。——作者原注

言，尤其是通过私人教育来学习，是没有意义的。这个年龄的孩子一年所学，就抵得上他之前四五年间所学到的内容，而且那个阶段还学得并不完整，磕磕绊绊，兴味索然。

> 我同意，假如语言学习仅仅是字词的学习，也就是说，学习用来表达词义的词形和声音，这对孩子或许是合适的。但是，当符号发生改变时，语言也会改变符号所代表的含义。[2.123]

的确，不同语言中对于符号的不同排列方式，会使原本颇为相似的想法产生变动和呈现不同的印记。不过，符号的排列和使用是一个问题，符号原始的、根本的构成则是另一个问题。例如，词尾的变格或变形采用哪种方法，并不会影响我们的理解。这些都是任意的符号，我们对其认可，进而可以产生一门语言供我们使用。但是语言的关键并不在此，而是在短语中，在这些符号的排列中；这些符号在表达思想的过程中，会对思想进行修改，并且添加不同于其他排列方式的印记。这就是为什么每种语言里，准确表达一个想法的方式只有一种。如果没有熟练运用的环境，孩子就没有能力掌握外语中的词语。这个观点我完全认同。

然而，符号的基本构成以及因词尾变化而进行的归类，这些都是约定俗成的现实，对其学习也不外乎是跟单词打交道。这种学习是极其必要的，但是对于年龄较大的人也极其无趣，因此更适合用来打发童年的无聊，因为孩子没有更好的事可做，也做不好其他的事。这种记忆练习会让孩子在十二三岁时可以开始阅读好的作品，学会其中的词语。

除记忆练习外，语法也能提供给孩子他们能理解的一些概念。这些概念可以看作逻辑入门知识，尤其适合用来准确、严谨地表述思想。通过这种方法，孩子能学会辨别指代事物的名称和指代事物性质的名称，也能辨别真实事物的名称和由思维产生的抽象事物的名称。他们可以懂得句子的主语和定语是什么，以及两者怎样由存在动词相连接，其他的动词怎样为肯定的意义赋予行动的意义，哪个是动词的宾语，等等大量的此类知识。把这些概念正确地给孩子讲解，让他们充分理解，就可以同时促成其理性和语言的形成。

> 他们为了掩饰自己的无能，才情愿去学那些已经死了的语言，因为反正也找不到能够评判水平高下的人了。由于这些语言的惯用法早已失传，于是干脆模仿书本中的文字，且美其名曰"会讲某某语言呢"。[2.125]

卢梭说，他宁要悖论，也不要偏见。但是他却持有一个基于某些名家权威的偏见：不赞成我们用拉丁文在当今写作。这些作家给出的理由是，假如维吉尔或西塞罗看了我们当代最优秀的拉丁文作品，他们无疑会发笑，还会发现很多莫名其妙的用词。对这个假设本身我并无异议，但我怀疑就此做出的推论是否可信。我的理由如下。拉丁语虽然是一门死去的语言，但是文人们仍然对它做了充分的推进，从而能真正地感受西塞罗和维吉尔之美。并不是说他们能够洞悉这门语言的精神，或能像奥古斯都的朝臣那样将语言完美把握。然而，能够领略和欣赏最优秀的诗人和演说家的最优美的诗文的人，自然也可以体会这门语言的气质、品位和精妙。昆体良说，能感受西塞罗之美，说明你的拉丁语有进步。现实情况是，当今有些人的拉丁语水平已经可以去品鉴西塞罗的文风，并将之与降格的拉丁语作家的文风进行区别。

另一个现实是，学到这种完美拉丁语知识的人，也必定会欣赏诸如马努提乌斯（P. Manutius）或是弗拉卡斯托罗（G. Fracastoro）的文风，而且会发现他们与西塞罗和维吉尔的文风高度相似，几乎难分伯仲。

那么，目前就有了两种书写拉丁语的方法。第一种的风格，乍看上去几乎认不出是拉丁语；第二种的风格，即使是行家里手，也难以分辨它跟最好的拉丁语的差别。这么看来，懂得怎样去逼真地效仿古拉丁语风格，乃至可以骗过专家的火眼金睛，这必然是有些用处的。

但是你也许会问，这种风格上的效仿，无非是表面功夫，而且总会在相似的精确度方面授人以柄，那么其用处何在？我承认这种质疑有其道理，我也相信学习拉丁语应该取法于经典而非现代拉丁语文法家。不过我认为，应该始终有专家对拉丁语进行专门研究，掌握这门语言的高端水平，从而使拉丁语得以流传。没有人可以不经过书写练习就掌握一门语言。但是，如果练习的结果不是获得尊重，而是带来蔑视，那就不会有人去练习了。这并不是说，每个想要掌握拉丁语的人，都要力争写出本博（P. Bembo）或萨多莱托（J. Sadoleto）那样纯粹的文字，才能够品读好的作品。但是有必要至少让他们得到高水平老师的指点，使其在作品中感受到这门语言的气质和精神，并以此来弥补练习的不足，因为练习不见得对每个人都适用。可是，如果举国上下在学习拉丁语时都只满足于能读懂好作品，我们最终会发现，再无人能感受该语言之美，再无人能区别恺撒的战纪和西格伯特（Sigebert de Gembloux）编年史的不同。

不仅如此，保留对优质拉丁语的鉴赏力也是很重要的。18世纪的文字记载充分证明，恺撒、西塞罗、维吉尔和贺拉斯、李维（Titus Livy）以及萨卢斯特（Sallust）都是优秀范例。并不是说我们应该去刻意拾人牙慧。那只会是白费工夫，因为我们无法超越他们。但是，涉及处理一个题材或者针对一件事、一个计划进行文本创新，我们都可以从他们那里获取最好的经验，学会怎样去合理地思考和写作，怎样令文风和主题匹配，怎样层次分明，怎样精确优雅地安排和展开观点，怎样用取之自然的素材来美化自然。经典作家并未穷尽关乎真与美的全部形式和物种，但是可以说，他们划定了界限。这一界限为产生新的原创佳作留下了广阔空间，但同时也很难超越这一界限而不犯任何错误。在雕塑学院，当精美的希腊古物摆在青年艺术家面前时，他们的任务不仅仅是制作出眼前的东西，还要做出与眼前物品具有相同品位的完整的东西。思想产品也是如此。但丁、薄伽丘、彼特拉克（Petrarch）、阿里奥斯托（Ariosto）、德拉·卡萨（Della Casa）、伽利略等人，他们能以佳作来丰富意大利文学，是因为从经典著作中汲取了营养。他们之所以堪称典范，正是由于他们事先有过完美的模仿。即便他们找到了丰富的素材——或来自无边的创意，或源于国家的变革，或体现时代的习俗，或有关哲学的新知——倘若没有从经典作家那里学到把这些素材置于作品当中的艺术手法，他们就不可能完成那些佳作。17世纪对于古代成就的忽视而产生的后果，是其间意大利全部文学形式几近空白。18世纪初重拾经典，其品味方得以重生。奥古斯都的时代和古希腊繁盛的时代造就了路易十四的时代。拉辛、莫里哀、布瓦洛（Boileau）、波舒哀、芬乃伦（Fénelon）可为见证。

也曾有一些人力图摆脱模仿的牢笼。他们不屑于走经典的老路。这些文人雅士要另辟蹊径；他们视自我为先导，同时也要当他人的向导。结果如何呢？成败且不论，他们可曾有所创新？还不是回到了矫饰、对偶、文字游戏，回到了过度精致的思想，回到了呆板、生硬的用语，一言蔽之，回到了以奇思怪想来取代模仿的前代所经历过的不足中？有必要强调，人的精神走向，无论前进还是偏离，都有其限度。一个刻意坚持用独有的方式思考的作家会发现，他这个念头不过是步人后尘。优雅的面带微笑的丰特奈尔（Fontenelle）用最迷人的花朵装饰他的颂词，却无甚效果。花朵并不能软化那些时刻会驱散你的注意力的炫目观点中的生硬感。他的东西，初读会让你为之一振，再读则味同嚼蜡。比起突出作品主题，他似乎更热衷于展示自己。写作的最高智慧是使我们因为作品而忘记作者。作家必须发现捕捉读者兴趣的奥秘，他必须不断吸引读者的注意力，而绝不可为了自我炫耀而转移其注意力。诚然，当文学名声不是取决于饱学之士，而是取决于这样一群好奇的人，他们读书只是为了消遣，因而可能仅仅满足于买椟还珠，那么在这种环境下，矫揉造作的写作风格也会有拥趸。然而，如果读者习惯了经典作品中真实的美，他是不会轻易放弃这种美，转而追逐飘忽想象的虚假光环的。

由此可见，对古代经典的研究，应该被视为防止鉴赏力退化的最有力的武器之一。这会对普通作家起到保护作用，也会让奇才贤士成为后世的楷模。保留对优质拉丁语的鉴赏力对一个国家是非常重要的。若要做好这项工作，就必须让拉丁语从幼儿学起，必须切实鼓励和普遍尊重致力于学习拉丁语的人，以及那些像享有盛名的现代作家那样，致力于用纯粹、优雅的拉丁语写作的人。

也许你仍然会反驳说，有大批现代作家，据称写出了优雅的拉丁语韵文，但是从未写出好的法语韵文。这岂不是很清楚地表明，这些被推崇的拉丁韵文看似优美，其实是因为我们对其并没有鉴赏能力？毕竟这些作家用我们能鉴赏的语言写作时，显然做得并不成功。

写出好的拉丁韵文非常容易，果真如此吗？我们能找到很多能与弗拉卡斯托罗（Fracastoro）、桑纳扎罗（Sannazzaro）或维达（Vida）比肩的作家吗？著名的穆瑞特（Muret）尚且要说服斯卡利杰（Scaliger），把他自己写的一些拉丁诗放在一个古拉丁作家的名下出版；但是必须承认，很少有人写得出穆瑞特那样的诗句。

有些人用母语法文写不出好诗，并不代表他们用拉丁文也写不好。据说梅纳日（Menage）和雷尼尔·德马雷（Regnier Desmarais）只是写出二流法文诗，但是他们用意大利语写诗就很成功。而且，意大利语是活的语言，不乏优秀的鉴定人。这或许是因为法语不像意大利语或拉丁语那样富有诗意？

持该反对观点的主要作家似乎用以下这段话给我们提供了答案：

> 其他民族敢于描述的事物，几乎全部被我们拒之门外而浑然不知。以先人为例，没有什么东西是但丁不曾表达过的。他让意大利人说起话来畅顺无虞。但是我们当下有什么办法可以模仿这位写出《农事》（*Georgics*）的作家呢？他可是给所有的农具命了名的，而我们对那些物件所识无几。

伏尔泰曾抱怨法语在诗歌方面的局限。这就难怪有些作家为什么可以成功地使用拉丁语，而在尝试用法语写作时，就不尽如人意了。

通常意义上，在表意和结构上具有某种和谐多变特征的语言，似乎可以通过一种机械连接的方式来辅助思想的展开。设想某人在揣摩一个拉丁文句子。他只有一些模糊杂乱的想法，尚无法确定要用哪些合适的词语以及怎样搭配成句。他想到一个词，似乎还不错，但是接下来怎么写就困难重重，因为他缺少想要表达的确切想法。出现这种情况时，如果作家对该语言运用娴熟，那么语言本身就可以帮到他。他头脑中的模糊想法让他联想到几个词。这些词早已有不同的作家用无数种方式进行了连接，组成了适合于这门语言的不同的结构。在回忆这些结构时，此人有时会幸运地找到他所需要的内容。也就是说，他会发现与他的想法正相匹配的，并且表达方式也极其恰当的词语；也可能他会有一个想法，这个想法跟他头脑中原本存在的想法自动连接起来，为他提供拓展思路的手段。

此处可以添加一个更具概括性的反思。对于我们了解的语言，不管是已死的还是活的语言，采用庄重的风格比采用通俗的风格要更为容易。其原因在于，庄重的风格是一种正式的风格，专门用于重要的场合。我们的耳朵并不熟悉这种风格，因此有不规则的用法出现时也不易察觉。我们都期待语言可以摆脱平庸，于是错误的用词有时候反而被视为佳句。而通俗的语言风格就不会发生这种情况。耳熟能详的内容，出现任何偏差都会令人产生不适。不常见的用语会立刻被发现，而且正因为不常用，还会被认为是不正确的。希腊悲剧中的不规范用语就很少会引起注意。百姓天生是人类语言的裁判，但他们很少会有胆量去裁判神祇的语言。崇高的风格容许粗犷的笔法，在制造佳句的同时，也隐匿了误笔。

博学之士曾在波舒哀、帕斯卡尔等其他一流作家的文字中发现不够严谨的地方。不过，比起听上去的不同，这些缺陷更多是指语法方面的不周。喜剧中的市民或女仆口里说出的话，就不会有这种现象发生。他们必须要讲百姓的语言，一星半点儿的错误都会被人察觉，任何不符合惯常说法的用语都会受到极大的抵触。这就解释了为什么必须用现世外语写作的人会发现，处理庄重风格的主题要比处理简单的主题来得更容易。同理，现代人模仿西塞罗，尤其是模仿他的哲学作品，比起用普劳图斯（Plautus）或泰伦斯（Terence）的风格写出好文章，也许难度会更低些。意大利有幸拥有具有雄辩才能的大学教师，然而对他们来说，用拉丁语熟练地对话也绝非易事。

此外，反对［学习拉丁语］的作家向来都不厌其烦地强调：不应排斥任何写作体裁；限制艺术的发展最为有害；应该尽可能鼓励带给我们愉悦的活动。好吧。我确信能够欣赏维吉尔的人一定也可以在阅读《反卢克莱修》（*Anti-Lucretius*）中找到快乐。那么为什么还要切断这一个全然无害的快乐的源头呢？

卢梭还说：

> 心智由语言构成；思想呈现习语的颜色。唯独理性是共通的；心智在每种语言中都呈现其独特的形式。这种区别很可能是民族性格形成的原因或结果；这个推论似乎可以由以下现象证实：世上所有的民族，其语言和

道德的变迁都是同步的；道德兴则语言兴，道德衰则语言衰。[2.123]

这番话颇有哲理。塞涅卡在卢梭之前曾有此论断，那是他优美的书信中曾论及的一个主题。它提供了一个充分的理由来推动年轻人学习古代语言。我们只谈谈拉丁语吧。"心智由语言构成；思想呈现习语的颜色。"如果是这样，阅读古代经典的年轻人，他们的心智将呈现何其幸福的颜色！恺撒回忆录的措辞是何其清晰和精准！不仅如此，他的情感何其崇高，他的思想何其高尚！恺撒的伟大精神此刻正呈现在我们面前。他以高度简练的语言讲述重大的事件。决定苍生命运的伟业，对他而言似乎是举重若轻。

让年轻人通过阅读伟大作家的作品，通过亲自感受，或者说品味崇高的情感，使灵魂得以升华，还有什么比这些更能对年轻人产生更大的影响呢？

以下是卢梭的另一个反思：

因此，要尽可能限制孩子的词汇。如果他的词汇多过他的观点，他说出来的比他想到的还多，这对他是极其不利的。我相信，乡下人比城里人头脑更清晰，原因之一就是他们的词汇量不如城里人大。他们想法不多，但是很清楚怎样把想法进行比较。[1.193]

乡下人家的小孩，的确要比在城里受教育的富裕人家的小孩更为稳重。我曾对这个现象做过调查。我并没有觉得这跟词汇量的多少有什么关系。我的结论如下。在我看来，乡下小孩成长环境比城里小孩更为严肃。他们刚刚有了思考和行动能力，就必须开始每日有规律的劳作；他们干的一系列农活虽然不需要深刻的思想，但是个中关联会让头脑进行一系列有规律的组合活动。小孩子必须要放牧、拾柴，还要尽力帮父母做家务。他自己要做，也要看别人做，于是很容易认识到要达到什么目标，以及采用哪种方法更合适。这些富有条理的行为过程让他的思维也变得有条理。其思考范围固然狭窄，但也都安排得井井有条。上流社会家庭的孩子情况则不同。这边大人想着法子让养尊处优的孩子开心，而同龄的乡下孩子这时候正学着严肃地干活。要让孩子开心，就得让他分心。你要拿给孩子各式各样的东西玩，每一样都跟另一样没什么关联；孩子只是将其作为娱乐用的身外之物，因此习惯于玩耍而不是思考。乡下孩子有时候需要努力去想办法出一份力、打打下手，或者完成分派的任务。城里孩子从来不需要担心这些。他们只顾着玩，摔打东西，消磨时间，仅此而已。

我们早晚还是要用学习和宗教仪式去打断孩子的娱乐活动。这样做将会对他们大有裨益。这好比是播种。种子先是被盖住的，但是很快就会发芽，进而产出应季的果实。然而孩子完全不懂得学习的目的何在。比如说，他们不懂得语法跟自己未来要担任的地方官职有什么联系。他们同样不理解父母就职的机构所对应的职责，即便亲眼看到了这些职责是怎样履行的。不管自己做什么或是别人做什么,他们都讲不出为什么,因此别人要他们做什么事,他们也不知所以然。由于所受教育的最终目标和他们的实际知识水平存在不对等,因此他们很难看到自己所做的一连串事情中有任何条理。结果是,因为完全没有条理,他们的思维也就缺乏连贯性。这就是为什么在特定的年龄段里,就可靠程度而言,乡下孩子要胜过城里孩子,以及为什么城里孩子的童年更长一些。

但是,过了特定年龄,形势对一部分人就会产生逆转。我这里说一部分,是因为有这样一些人,因为缺少天赋或者受的教育存在某种欠缺,他们始终脱不去幼年时期轻浮的品性,只能用其他东西来继续供养它。这就产生了那些好好先生。他们在聪慧的人群中平平庸庸,而在腐败的人群中则如鱼得水。在这些墙头草的身上,绝无正义和诚信的半点影子。这是一种持续到老的童年状态。但是还有另外一群人,他们通过教育获得知识,使理性在良好的培育下得以壮大。他们的词汇范围,或者说,其思维的广度和丰富程度,使他们有能力对不同事物做出更广泛的关联,进行更准确的定义,从而更合理地进行组合。农民在谋求小利的过程中体现的判断力乃至敏锐度,与通过扎实的学习来培育心智,通过担任公职获得锻炼的人在思维上的广度和精度,哪里有可比性呢?这好比是拿体力工的粗糙技术去跟熟练技工的智慧做比较。理性要想获得完善,靠的不是思维的稀缺,而是要让思维具有条理性。

21. 论历史学习

卢梭把历史学习也从儿童的课程中砍掉了。他老生常谈道，孩子既然不能完全读懂历史，他们也就完全读不懂历史。他承认，"如果学语言只是学习字词——就是说，学习用来表达字词的符号或声音——那么对孩子是合适的"。[2.123] 目录里的国王、帝王、教皇、国家统帅，以及沿袭或共存的君主政体，都只是一堆字词而已。因此，这样的学习对孩子是合适的。但是他回答道：

> 把如天书般的目录中的符号刻在他们脑子里，有什么用呢？他们在学习的同时不用记符号吗？为什么要让他们做重复两次记忆符号这种无用功呢？[2.134]

这是因为把目录中的符号刻在孩子的脑子里，要比刻在年龄大的人脑子里更为容易。这是因为幼年时期刻下的符号目录的印记，将很难再被抹去。如果孩子了解并记住了国王、皇帝等一系列名字，他将来在阅读原著时，就可以把事件跟地点对应起来，把史实按照发生顺序排列好，瞬间厘清各国在当代的变革，从而更好地了解其实质和相互关联，这样不是容易很多吗？"历史中的文字［不］等于历史"，卢梭说。[2.137] 这点我同意。但这是一个预备阶段，可以让他今后的历史学习更有成效。这并非浪费时间。

> 你以为历史只是一系列事实,因而可以为孩子所理解。但是"事实"一词指什么?谁能相信,决定历史事实的因素都浅显易懂,因此事实可以在孩子的头脑中轻易地变成观点呢?［2.128］

这些决定性的因素并非具有完全相同的性质,因而理解起来其难易度也各不相同。期待孩子理解提比略(Tiberius)和克伦威尔(Cromwell)的权术中的阴险手段是不现实的。他根本理解不了。但是历史提供了数不尽的生动事件,有清晰的前因后果,因而对孩子很有教育意义。为了支持他的观点,卢梭提到一个滑稽的事情:有个小孩当着他的面,优雅地朗诵亚历山大和他的医生菲利浦的著名逸事。孩子尤其崇拜亚历山大的勇气。但是他在何处发现了这种勇气呢?

> 只不过是把难吃的药一口吞下,没有丝毫犹豫,没有丝毫抵触情绪。这个可怜的孩子,两星期前才吃了药,费尽力气才吞了下去,口里直到现在还有药味。在他看来,死亡和中毒只是不愉快的感觉而已;他所理解的毒药无非就是决明子。［2.131］

这个故事证明,孩子并不理解他们看似完全理解的东西。我不怀疑卢梭所讲故事的内容本身。但是,因为解释得不明不白,所以孩子领会不了,这算是他的过错吗?让孩子弄清楚死亡和中毒,真的有那么困难?难道不能给孩子解释一下亚历山大的困境,给他详细地描述(不要舍不得给孩子说细节)当时的情况:大战前夜,亚历山大预感自己要病倒,他渴望要么速愈,要么一死,而不愿落入波斯人手中?难道不能给孩子讲一讲马其顿将军帕门尼翁(Parmenion)的信可能给亚历山大带来的困扰?难道不能使孩子理解,亚历山大吞药的过程,一方面反映出他面对困境时的烦躁心情,另一方面反映出他对于多年来忠心耿耿的医生的信任?

我可以举出一些优秀的、有据可查的例子,来证明儿童学习历史的能力比卢梭想象的要强。他们有能力在一定程度上弄清楚史实的决定因素,理解其中的因果关系,分辨人物是相似还是对立,观察事件中的人物是坚守还是放弃。

远的不说,能以图画形式表现的历史事件都处于孩子的理解范围之内,这一点难道还不够吗?即便这些事件只能用于消遣,他们对这种消遣会感到厌烦吗?用处显然还不止这些。历史事件是学习的开端,可以为深入研究打下基础。其丰富的主题可以让我们开始进行组合能力,即推理能力这方面的有益训练。要是儿童不能从中学到有关规矩的实实在在的知识,那才是怪事。从这个层面上看,没有什么比向他们展示生动的善恶行为更为有用,没有什么能更好地让他们目睹善之美和恶之丑。

但是方法上不能出错,这一点很关键。要避免简短的总结式的用语。那些我们在百科全书中看到的简略的摘要,用来重温我们已有的观点是有用的,但是对于需要获取这些观点的人就毫无用处可言。因此,总结不是给孩子做的。

还有人认为，我们应该先学习本国历史，因为了解本国历史最为重要。我们的确应该最了解本国历史，但这不等于就要最先去学。翻开任何一个国家的历史，每一页都记录着与邻国的战争与和平协议、结盟和贸易。历史可以告诉我们，我们在外国做了什么，外国人在我们这里做了什么。要判断一个国家的强弱和贫富，就必须要跟其他国家进行比较。

一个国家的变革，通常是由其他国家发生的变化所引起的。历史不是一幅记录纯粹的、孤立的客体的画面。与这个世界一样，历史是一系列错综复杂的变化。如果对别国发生的变革没有充分的认识，就无法准确地理解在其影响下本国发生的事。应该把每个国家的历史都跟你的祖国联系起来。应该以此作为你学习的首要目的。但是在开始学习前，要确保你真正明白这个道理。

也有人强烈支持一种创新的学习方式，即逆时的顺序，先学现代史，再回推至古代史。他们给出的理由是现代史更有趣。这个理由不错，但是却自相矛盾。现代史比古代史更有趣，是因为它对当下的时事进程有更大的影响力。因此，要想从现代史中受益，我们必须了解时事的本质。而事实是年轻人因为经验不足，对时事并不了解。

暂且不论细小的分类，我先把历史分成四个主要时期。第一个时期包含全部古代史，直至西罗马帝国因蛮族入侵而瓦解。蛮族给其占领国家带去的法律、规范和习俗，在某种意义上中断了古代历史事件本应对后世产生的影响。他们的到来开启了创建新制度的时代，改变了欧洲的面貌。

第二个时期始于北方民族的涌入，直至欧洲人试图侵入亚洲，即十字军东征时期。北方民族在其征服的国家所进行的统治和变革，应该获得更多的关注。我们必须从他们的习俗和观念当中，探寻即便在当今最文明的国度也仍然流行的某些做法和成见的源头。如果忽视了这个源头，即便是哲学家在很多方面也会对当今世界的运行体系感到一头雾水。他们最初的政府是一个非正式的贵族集团，由纪律散漫的军事人员共同拥有立法权，同时又保留自己无须守法的特权。他们认为，是否要效忠国王取决于自己的心情，而对于自己的下属则可以随心所欲。这是实行采邑制前的封建世风：不受约束的领主，缺乏实权的国王，以及没有自由的百姓。

第三个时期从十字军东征，即11世纪开始直至美洲的发现。前文提到的非正式贵族集团的倒行逆施，导致了一种更为健全的政体的萌发，并因东征在一些欧洲国家得以建立。当今仍在沿用的几种体制就肇始于此。此外，11世纪似乎也是延续至今的几个皇室和国家稳定发展的时期。

第四个时期从发现美洲开始一直到现今。这一阶段，贸易作为治国的首要目标，为欧洲的制度带来新的变革。它改变了各国的财力，调整了其相关利益。这一时期，寻求平衡似乎为政治体制的稳定提供了持久的动力。

可以从两个角度来看古代史：从史料搜集的角度，或者从伟大作家的记述——传递给我们史实——的角度。作为收集的单纯的史料，古代史对我们吸引力有限，因为有关古代事件对后来事件可能产生的影响的信息交流被打断了，就像我们前面看到的那样，被北方民族的入侵和统治所打断。就这方面而言，古代史是一幅画卷，更适合用于治学，而不是治国。它新奇壮观，对年轻人有特别的吸引力。

然而，从第二个角度看，古代史就有了更为重要的意义。它是有关国民道德和政体的一门课程。它向我们展示的事实，等同于经过哲学历史学家系统排序后的道德历程，或者说，用普遍原理对照的，体现了关联和统一性的道德历程。我觉得古代史，比如罗林的，可以给初学者用作现代历史入门。已经学习了现代史的人，学习古代史的原作会非常有助于他们理解史实间的联系，了解历史人物，并且发现事件产生的本因。我提到罗林的古代史，不是指他的罗马史。这部作品从很多方面看都很出色，但是因为长篇大论，明显缺少具体事件，可能会让年轻人提不起兴趣。

因其年代久远而对整个古代史持怀疑态度的人，把古代史看作——用卢梭的话说——"一整套寓言"的人，我们敢说，他们看待这个问题的角度跟普通人通常看待天文发现的角度别无二致。如果你对很多人说，月亮上面的山比地球上的山更高，他们就会用嘲讽的语气笑着问你是不是去过那里。他们不相信我们会知道月亮上有什么，因为我们对眼前的大量现象尚且弄不清楚。这些老实人并不知道，他们跟我们在理解这个问题上的出入，并不取决于物体之间空间的大小或是距离的远近，而是取决于我们对物体认识和判断的手段是否充分。跟我住在同一屋檐下的邻居家里有什么事情发生，我是无从知晓的，但是我知道近两千年前在西塞罗家里发生了什么。举个例子，他的母亲持家有方，在倒空瓶子时，故意把空瓶子封好，再跟其他瓶子放在一起，以防有仆人动歪脑筋，擅自打开瓶子，然后说瓶子原本就是空的。这一逸事是在西塞罗的日志中发现的。雅典和罗马的公共事务都由百姓在集会时做出决策。藏不住任何秘密。当代历史学家可以清楚地知道当时都做了哪些记录。相比当今，公共事务都在市政会议上商议，通常都不会公开。因此，从多方面来看，了解古代共和国的政治热点，要比了解当下欧洲的现状或许更为容易。

不过，还有另一种历史，一定不能忘记讲给孩子听。奇怪的是，卢梭居然没有意识到它的分量和作用。这就是圣史，一本无论大智大慧，还是普罗大众都同样可以受其教诲的书。聪慧的人可以从书中发现超越一切哲思的智慧之光；普通人可以从中找到生活所需的明确指引和启示。这是神圣的读本，教会我们懂得上苍的语言，让造物主的荣光普照万方。上帝的伟岸，他的能量，他的神力，在他的宏伟手笔中得以彰显。混沌初始，洪涛漫卷，海水断流，日月行止，这一切好像在展示悬在万物头上的一只超强的大手。这只手可怕而仁慈，可以击发雷霆，也可以广布光芒，它使人因惊异于造物主的天工而在其面前感到卑微，使他因天命所激发的信心与爱心而立于世间。另一方面，还有什么比上帝子民的全部历史更能吸引哲学家的注意，更能让孩子感到新奇和受到教育呢？这里的故事丰富多变，先祖的生活豪华与简朴并现。从未有过对人类如此真实的描述。质朴的人性以其天然的状态得以展现，它们呈现出原本的面貌，不加以改动，不加以限制，不加以掩饰。神圣的荷马，最好地传承了这一体裁的渎神作家，其笔法也与这种坦诚的写法相去甚远。他的华美诗作提升了他笔中的世界，但同时也不可避免地浸染了他的热情之火，使他所描绘的内容显现出一种原本没有的奇怪的颜色。在圣史学者的笔下，是自然在诉说和行动；在荷马里，是诗人在描绘自然。这么看来，卢梭针对历史学习所提出的所有反对理由都站不住脚。他的反对理由可以归结为一个困难——如何能了解决定历史事实的关联因素。在圣史中，这些关联因素体现为至简。孩子很容易理解。不仅如此，他们能学会爱上帝和畏惧上帝。他们能学会辨识和区分人类心灵深沉的原始的性情。此书乃智慧与虔诚之大集！

22. 论地理学习

地理和历史本质上是相通的。因此，卢梭也不无例外地将其排除在教育计划之外。他对这个问题的看法，如果不是因为过分夸大，本是有可取之处的。

> 在任何学习过程中，代表性的符号都是没有任何意义的，除非你知道这些符号代表的是什么东西。然而，我们总是让孩子单单学这些符号，而不让他们了解这些符号所代表的东西。孩子以为自己在学习有关地球的知

识,其实他只学会了看地图。你教他城市、国家、河流的名称,他会认为这些地方只存在于你展示给他的纸面上,而不是在其他什么地方……。毫不夸张地说,拿着地球仪和宇宙志学习两年后,十岁的孩子里找不出一个人可以用你教他的方法说出从巴黎到圣丹尼斯怎么走。毫不夸张地说,没有一个孩子仅凭他父亲的花园地图就能绕行其中而不会迷路。这些大学者们,他们可是瞬间就能指出京师、伊斯帕亨、墨西哥以及地球上所有国家的位置在哪里。[2.126]

卢梭说年轻人(他说的是十岁的儿童)认为自己学到的国家、城市、河流只存在于老师展示的纸面上,而不是在其他地方。这话听起来真是不可思议,我承认我完全无法理解。

地球仪或者世界地图提供的视角,不足以让孩子对地球表面有准确的理解,他也难以把握眼前的地图和脚下的大地之间的关系。这一点我并无异议。但这并不是说,教他看懂地图就没有用。把正确的世界地图记在脑子里的孩子,他早晚会知道世界地图和真实的地球是怎样对应的。到了那一天,无须更多的学习,他就能知道怎样在地球表面找到那些国家、城市和河流。他会想象这些地方是标在地图上,然后根据它们在地图上的位置,就知道它们在地球上的实际位置。

卢梭曾断言,拿着地球仪和宇宙志学习两年后,十岁的孩子里找不出一个人可以用你教他的方法说出从巴黎到圣丹尼斯怎么走。这一点我丝毫不怀疑。但是，他的口气好像是他的所有看法都已证实完毕，并且还下结论讽刺说"这些大学者们，他们可是瞬间就能指出京师、伊斯帕亨、墨西哥以及地球上所有国家的位置在哪里"。

我看不出从巴黎走到圣丹尼斯跟地球仪或者宇宙志的研修课程有什么共同关联。我相信我们不可能为这么一个短途旅行而去测量经纬度，也用不上去中国或墨西哥才需使用的导航方法。这跟地形学关系更大一些，而不是宇宙结构学。最专业的宇宙结构学家也可能在去往圣丹尼斯的途中找不准方向。一条岔道就足以让他产生困惑。遇到这种情况，他是不是该取出测量仪，或者看看参照表，来决定是走左边还是右边的岔道呢？孩子学到有用的地理知识，但仍然不知道怎样从一个城市到另一个城市，这是很正常的。

然而我绝不是认为，正规的地理课程是在孩子的理解范围之内。首先，要能够区分科学地理学，比如经牛顿完善的瓦伦（Varen）地理学说，和历史地理学，即通过在地图上识别我们所说的历史地点的地理。前者囊括了宇宙结构学，并以丰富的几何知识为前提。这一学科的节本，通常附在很多书的前面，绝大多数都是无用的装饰。对其进行研究非常耗时，并且日后你翻看这方面的更为严肃的书籍时，你会完全看不懂。你必须重新学起，才能有所了解。历史地理学就不存在这个问题，其可读性和用处是不容置疑的。儿童可以愉快地在地图上找到听说过的历史地点。他们乐于循迹亚历山大和汉尼拔（Hannibal）的征途。他们走过的地方和经历的事件，经过与头脑中原来的印象相印证而相得益彰。历史会让地理更加有趣，地理则让历史更为清晰。要想让儿童记住地图上的地点，这种方法要比我们通常采用的学习方法更可靠更简单。一长串陌生的名字只会让他们提不起兴趣，但是如果通过历史把这些名字摆在他们眼前，他们就会饶有兴致地去研究了。

我们在使用与历史关联的区域地图之前，应该让孩子预先了解世界地图的大致样貌，好让他们能够对照眼前的地图，了解要研究的地区相对于世界其他地区的位置和面积。想让孩子喜欢这个预备课程再简单不过了。打个比方，孩子知道他的父亲去过法国、西班牙和英格兰。他是多么迫切地想听到父亲在每个城市的经历啊！把这些地方在地图上指给他看，他会多么开心！要是他喜欢咖啡、糖，或者家里其他什么，那就把这些东西的原产地指给他看吧。

地图上面的地名不应该过多，但是过少也不好。如果标注得太满，就会很乱；如果太稀疏，就失去作用了。过度简化会让我们缺少用来比较的对象，而这些正是我们学地理的帮手而非障碍。把一个城市单独摆放在统一的背景下，那么它在头脑中就只是一个孤立的点，看不出什么特别。而一个城市如果跟其他城市对应起来，就会显得有意义了。我们所有的知识都建立在对比之上。山脉、干流、边界都应该清晰地做出标记。如果孩子面前有现成的法国地图，却偏偏要他去根据国家两侧的海域来找出西班牙的位置，那会是相当困难的。

23. 论几何学习

我们来看看卢梭对几何学习提出的改革建议。

> 我说过，几何不是儿童可以理解的。但是责任在我们。我们没有认识到，他们的方法跟我们的方法不同，没有认识到，在我们看来是推理的方法，在他们看来应该只是观察的方法。我们不该拿我们的方法去给他们用，而是应该把他们的方法拿来……做出准确的形状，把它们拼在一起，叠放在一起，然后考察它们的关系。你不需要讨论什么定义、命题和论证方法，只需要把东西叠放起来，然后反复观察，就可以了解初级几何的全部内容。就我个人来说，我不想去教爱弥儿学几何，而是要让他来教我学；我来找几何关系，由他来发现这些关系，因为我在找关系时，会注意怎样能让他发现这些关系。例如，我不用圆规画圆，而是把笔尖系在绳子一端，以另一端为轴来转动画圆。接下来我要把圆的半径进行一一比较，这时候爱弥儿就会笑话我，并且告诉我，同一根绳子，始终拉紧，画出的距离是不会不相等的。[2.259]

能够做出准确的形状，把它们拼起来，叠起来，然后考察它们的关系，用这种方法来让爱弥儿自己去发现其中的知识，这是极其有益的。但是卢梭去压制本应自然形成的定义、命题和论证，这显然是错误的。说他错误，是因为去指责一种方法，一种从古至今催生了大批伟大的几何学家的方法，那就一定是错误的。方法好不好，看效果便知。

这两种方法绝非对立，而是互为启发。卢梭建议的方法让定义更容易理解，而定义则可以用来引导观察活动。德·拉·夏贝尔（De la Chapelle）致力于在几何研究中把艺术和机械观察这两种方法结合起来；沃尔夫（Wolff）和其他的学者对此法也不陌生。朗代利（Rondelli）的学生，一个非常有名望的人，曾告诉我说，这位博洛尼亚（Bologna）的大教授总是利用真实有趣的例子来阐释他的论证。如果他想要切分一个圆，他就会想办法找一块需要切成块的蛋糕。那个都灵的年轻几何学家显然是学到了同样的方法；据卢梭回忆，他从周长相等的威化饼上学会了判断面的相关特性。[2.266]

我们不应放弃科学方法，但是可以将其与卢梭倡导的观察法合并使用。明智的立场是：既能看到通过训练来厘清理论知识的作用，又能通过有趣的、富有教育意义的活动来告诉孩子他所学到的知识有什么样的用处，以及能带给他什么样的好处。

学习综合初级几何的特定方法，可以归纳为三类。第一类是欧氏几何。这是指所有的初级论著，都沿用相同的次序，并且除了对一些命题进行换位、废除、添加，以及对一些论证进行简化之外，基本没有变动。第二类是阿尔诺（Arnauld）几何，主要包含从简单到复合、从线到角、从角到面等等的演进。比如，伐里农（Varignon）、索弗（Sauveur）、马列祖（Malezieu），或是勃艮第（Burgundy）公爵、拉凯叶（Lacaille）和其他人等提出的原理。第三类是克莱罗（Clairaut）的方法，主要是针对我们的知识的需求和自然进步而对几何命题进行拓展。它是对发明的模仿。每一类方法都有其优点。第一类体现在论证的严密。第二类胜在其定理的有序和普适性，有无穷的命题可以从中推演出结果。用这种方法，我们可以学会把能用同一原理来限定的所有事物都归纳在原理之下，并且学会用同样的视角来理解更多的事物。这个方法有益于扩大心智，精准思考。第三类方法似乎最适合于激发或培育创造精神。

要由几何学家来决定哪种方法在实际应用中总体上更为合适。据说英格兰人对欧氏几何情有独钟，这种偏爱是有其道理的。论证严密似乎是几何学的一大优点，或许也是其最显著的特征。因此，遵循这种规范，无论怎样严谨都不为过。我们的确看到欧氏几何中存在次序方面的问题；不过几何学家们已经将一些定理换位，从而部分修正了这个问题，而无须对某一卷的次序做出大的改动。不过，欧几里得虽然忽视了线、角、面这些抽象概念的次序，但他并没有忽视各原理之间的自然次序或关系。每一条公理都和其前后的公理紧密关联。我们的头脑经过推论的一步步引领，就会养成准确严谨的良好习惯。各类建筑中都必然会用到线段、三角形、角等概念，以其为例，可以告诉年轻的学生，要想证明出他尚未学过的定理，他就必须利用头脑中一切有用的材料。事实上，可以肯定，欧氏几何包含的知识，可以用来理解目前数学家通过演绎推理已经达到的理论高度。只是透彻理解了欧氏几何前三或前四卷知识的年轻人，对几何学还知之甚少，不过他至少已经熟知了欧几里得知道的知识。他如果想要继续研究下去，就无须重复欧氏走过的路了。我曾问过著名的尤斯塔斯·曼弗雷迪（Eustace Manfredi）他会推荐哪本书作为几何入门。"塔奎特（Tacquet）的书必不可少"，他答道。能工巧匠还推荐过阿尔诺、伐里农等人的方法。索弗的方法，也就是欧根亲王（Prince Eugene）曾使用的方法，在《大百科全书》（*Encyclopedia*）中备受赞誉，并在军官中推行。尤其还应考虑的是，跟你学数学的学生天分如何，以及他学习的目的是什么。

24. 培根对于学习和阅读的看法

本节得以完成，有赖于培根有关学习和阅读方面的洞见。我仅就这二者对青年的教育作用冒昧地赘述一二。

> 学习和阅读可以带来三种益处：理解的愉悦，言说的通畅，以及处事的干练。不过也应适可而止。休闲时我们最能体会沉思的快乐，但是如果沉湎其中而弃公职于不顾，那就过分了。把本应用来做事的时间投入到阅读中，可以说是"美丽的怠惰"，但终归是怠惰。

这里我做一点思考。极少有人会忙到没有时间独处，无论是自愿还是被迫，哪怕只是必须留作休息的几个小时。在这些时段里，最有益的莫过于将阅读和思考作为一种放松的手段，来让大脑积蓄新的能量。疲惫的灵魂难以承受自身的重压。许多人刻意地逃避自我。这些人因为没有养成阅读和思考的习惯，他们无法忍受自己，他们想要自我逃避，甚至超过了别人躲避他们的程度。因此，我们必须努力激发年轻人阅读的兴趣。假装能引领孩子们在快活中完成学业，那不过是美好的设想而已。那些最为必要的学习活动，需要的是刻苦和自制。学习所包含的强制性在一定程度上可以降低，但是想要将其完全剔除，同时还想取得切实的进步，是不现实的。因此，此类学习方法是无法激励儿童热爱阅读的。但是，如果采用既有趣又有教育意义的阅读方式——注意不要把它说成是学习的一部分，因为一旦这样说就会前功尽弃，而应该说这是作为他们用心学习的奖励——我们就可以取得成功。历史选段、旅行奇闻、对话录、各类印刷品、奖章、自然奇珍等等，都可以用来达到这个目的。

不过，要想从这些不同的材料中获取我们期待的益处，就有必要推行一种秩序，对其加以设计，并且由经验丰富的老师来引导，使教育的总体目标通过这些额外的工作得以体现和发扬。假如忽视了这一点，可以想象，这些杂乱无章的材料和想法只会让年轻人产生困惑。这会让他习惯于不顾方法而一味累积杂乱肤浅的知识，就像以丑化为特点的哥特装饰那样。这样做等于是为了装扮头脑而牺牲了精确和实用，而后两者才是研究和学习所应获得的最有用的成果。让头脑空着也比胡乱塞满要好；胡乱塞满的头脑，要么装着坏东西，要么装着虽然好但却杂乱无序的东西。

此外，对于总有问不完的问题的儿童，这类看似与学习无关的练习，可以很好地激发他们的好奇心。遇到这种难得的机会，关键时刻的一句话抵得上一整节课的效果。孩子以为你只是要满足他的好奇心，却不知你把东西摆在他面前的同时，他也在跟你学习怎样推理。他学习把不同物体进行比较、组合，并用原理进行关联，进而推演出结果。

> 其次，培根认为，学习和阅读可以增强我们演说的才能。这种能力在正式场合和日常环境中都可以得到锻炼。但要是过了头，就成了装腔作势，要极力避免。

优秀的演讲人总是能成功地表达自我。这种才能必然会凸显他演讲内容的价值，有时还会取代其价值。你应该始终警惕那种天花乱坠的说辞。真正的才能只有在自然的状态下才能彰显。没有什么比发表做作的演讲更能让人自取其辱。炫耀雅致考究的辞藻也无济于事，虚假让你原形毕露。听众会发现你把演讲各部分拼合起来的努力并非出自本心。当你暴露出想要感动他们的意图时，也就冒犯了他们的尊严。你非但得不到他们的信任，还会引起他们的反感。最好的办法是，讲话力求清晰审慎。此法不会为你博得愚人的倾慕，但是可以让明理的人感到愉快，而不会让任何人感到不适。对于禀赋不高的人，这种才能并非遥不可及，而主要靠早期的教育。如果想让孩子说话合理准确，就让他养成习惯，先想清楚要说什么，然后再自然、轻松、真诚地把话说出来。阅读会使他的语言精准，阅历会增加其语言亲和力。年轻人不应追求言语诙谐。应该让他先考虑好想说什么，然后直截了当地说出来。如果他是个风趣的人，那么其风趣无须外力推动而自然地、水到渠成地流露出来。如果他没有风趣，那就不要勉为其难。如果风趣不是发乎本心，那么他表现风趣的努力只会暴露他能力的欠缺。因此，诙谐的书并不适合年轻人。他们应该慎读丰特奈尔和类似风格的作家。语言表达自然而清晰的作家有波舒哀、芬乃伦、弗勒里（Fleury）以及罗林。不过，我还是先回到培根的讨论。

  对于生活中的事，读书和学习可以提供帮助，使我们在从事和安排这些事情时做得更周全和稳妥。单纯拥有经验的人在行动和细节方面可能有所长，但是涉及更宽的视角和重大事件时，他们的知识就派不上用场了。然而，我们绝不可以总想着依照艺术规则去做决策，这种迂腐的做法不会成功。学习可以辅佐天性，经验可以完善学习。除非是取自经验，否则艺术的规律过于宽泛。

基本原理无疑是有益的，但是如果仅仅满足于基本原理，我们很快就会变得谨小慎微。关键要懂得怎样把基本原理恰当地应用在具体环境中。我觉得可以把基本原理比作罗盘。罗盘的作用是给领航员指出方向，但是如果他相信自己什么也不做，只需固守罗盘指引的航向，他就会经常撞到礁石或沙洲。关键是要准确地知道，什么时候需要改变航线而又不会迷失既定的方向。

补充一点：学习的好处可分为两类，对这两类进行仔细区分极为重要。第一类仅仅是用学到的知识来装点头脑。第二类是通过锻炼心智机能来形成思维方式，进而拓展智力的强度和广度。知识中的一部分内容是绝对必需的；一部分内容有时候有用，并且总是有其价值。但是，一旦你学会了谋生所需的知识，那么决定你是否优秀，是否有能力，就不再是知识的多少；思维方式、思想高度，以及正确使用所学知识的能力——这些品质才会决定你能否出人头地。当代几何学家里，数学知识超越伽利略的何其多，那么是否因此他们比伽利略更伟大呢？福拉德（Folard）比杜伦尼（Turenne）更懂兵法；尽管他算得上一名好军官，但是我们仍然怀疑他能否成为杜伦尼那样的好将军。因此，睿智的老师必须更多地关注思维方式而不是知识的多少。比起怎样装点头脑，他更关心的是怎样正确地锻炼头脑的机能。这一方法跟我们通行的做法是完全相反的。

培根还说，狡诈的人无视文学［或许是因为，据拉罗什富科（La Rochefoucauld）观察，狡诈通常是狭隘的标志］。头脑简单的人钦羡文学。但是审慎的人懂得运用文学。艺术和科学不会主动向社会展示它们的用处。这种用处属于一种高端的审慎，需要通过观察来获得。

阅读的目的不是挑错，不是盲从，也不是现学现卖。阅读应以教育为本，权衡所读的内容，在阅读中做出判断。

有些书可浅尝辄止。有些书可以通读，但无须过分关注。而有些书，虽然数量不多，却可反复阅读或研习。

阅读可以教化；论辩产生效率；书写和笔记辅助记忆。

历史教人审慎；读诗启迪新思；数学使思维缜密；自然哲学使思想深刻；伦理学使其庄重；修辞和辩证使讨论更为从容。

培根称，头脑的缺陷，几乎都能通过适当的学习来改正，好比可以通过体操练习来纠正体弱和体态方面的问题。

也许我们面对的是一个轻浮的、不稳定、不专注的头脑。数学可以纠正这个问题。在其他学科中，我们有时满足于一知半解。我们满足于不足为道的肤浅看法却自命不凡。相反，在几何论证中，如果你没能理解全部内容，就等于没有掌握任何知识。头脑要关注全部的论证步骤，并且从一个视点把这些步骤连接组合起来。

培根把这一方法和法学家的正统观点推荐给那些缺乏才艺，缺乏举一反三的能力，以及缺乏从不同途径为手头的案例获取证据或澄清事实的能力的人。

头脑缺乏分辨事物所必需的洞察力吗?培根推荐经院哲学家的精微分析。

尽管这个建议在当今时代听起来有些倒胃口,我们仍然可以通过《思维的艺术》(*The Art of Thinking*)和其他有关逻辑和批判的坚实论著,来弥补推理能力的不足。这个时代涌现的众多作家,往往演说能力强但推理能力弱。轻视逻辑所产生的影响不可小觑。卢梭如果没有忘记逻辑,他就不会说出"教育的目的是塑造理性的人,但是跟孩子讲道理就是本末倒置"这样的话了。一位名作家在批判帕斯卡尔的《思想录》时,引用了两个例子来证明"两个逆命题可能是假命题"。第一对命题是:"一头有翅膀的牛飞向南方"和"一头没有翅膀的牛飞向北方"。这两个命题不是逆命题。如果它们是假命题,那是因为事实本来如此,因为不管有没有翅膀,牛都不可能飞向南方或北方。你只需换一个主题,这两个命题就可能是真命题了。比如:"一艘有帆的船驶向南方"和"一艘没有帆的船驶向北方"。这个例子说明,我们这位作家并没有准确理解什么是逆命题,以及为什么两个相反的命题可以都是假命题。逻辑为根植于明晰原理中的规则奠定基础;规则用来解释为什么两个相反的命题,由于构成二者互逆的关系,永远不可能同时为真,但可能同时为假。熟悉这些规则对我们的推理活动不无益处。当一个人对用于澄清和证实理论严谨度的观点进行反思时,他应该就具备了强大的推理能力。

不可否认，许多经院哲学家过度丑化了逻辑，这体现在他们惺惺作态的不规范的语言，以及比比皆是的故作深沉当中。我们知道存在这个问题。但是其影响如何？影响就是在争论中和在派系问题上每每发生的情况：摆脱一个极端，却置身另一个极端。与经院哲学家划清界限变成了一种优点。这种排斥行为甚至影响了规则和推理的方法。优秀的神父普鲁什（Abbe Pluche）宣称他证明了人的头脑无须借助规则就可以学会推理。但是他这样现身说法反而证明，如果忽视规则，我们并非总能正确地推理。（1）一个恒定的事实是，在人类头脑可能犯错的一切活动中都需要有规则的指引，而规则不外乎是最安全地达到既定目的过程中所进行的观察的结果。这一点可以用无数事实来证明。（2）推理的方法带来的好处且不论，其本身就是值得了解的。在这部分逻辑中，我们要决定获得有效推论的论据所需的条件和定理组合的可能数目。得出的规则将成为有价值的例证，对应几何学范围之外的某一主题的一系列严谨的几何式论证。（3）通过使用这些规则，头脑会幸运地养成一种习惯，能够用适用于任何问题的正确推理方式来安排论据所需的条件和定理。即使我们早已忘掉了规则，这个习惯也会一直保留下来。回想语法规则是如何帮助我们遣词造句的，就可以理解这一点了。（4）通过同样的练习，头脑可以获取更强的能力，不仅能对错误的推理进行重组，也能及时发现论据中的谬误。（5）西塞罗等最伟大的古典作家确定了这些规则的重要价值。（6）先前的伟大作家，被誉为哲学的复兴者、思想家的伽利略、培根、格劳秀斯、笛卡尔、伽桑狄（Gassendi）、莱布尼茨、牛顿、波舒哀和尼科尔（Nicole），他们都是早年就接受了学校里通行的那种推理方法的训练。深入的研究使他们能迅速发现滥用逻辑的情况，并确保只撷取其中合理的成分。

可以肯定，他们长期在逻辑规则练习中养成的习惯，很大程度上成就了他们作品中令人仰慕的表现力和清晰度，而这些特点在那些在研究和推理中任由本性冲动的人的作品里是很难看到的。

25. 卢梭学生的精神气质

关于卢梭希望他的学生具有什么样的能力和性格，还应该做一些考察。这关系到他学生头脑的特点、气候、性情、出身或者社会地位。

> 如果可以选择，我会只选一个头脑普通的学生；我设想的学生就是这样。只有普通人才需要培养……。其他人会自己培养自己，而不受你的影响。[1.83]

我们应该感激卢梭在选择学生上表现的慷慨。鉴于造就一个人所需的良好的照料，他选择普通的头脑而不是罕有的天赋，这只能是全心为公的高尚心灵所致。然而在解释这个选择时，卢梭似乎只顾说漂亮话而忘记了事实。"只有普通人才需要培养……。其他人会自己培养自己，而不受你的影响。"难道他忘记了自己文章里的根本观点,"我们生而弱小……我们需要判断力。我们出生时没有的,但是长大后需要的一切,全凭教育给予"?[1.5]这一针对全人类的判断可以容许例外情况吗?伟大的天才不算在内吗?不是有些天才因为缺乏教育而最终一事无成吗?不是还有一些人,因为没有良好的教育而走上了邪路吗?平庸的人和伟大的天才都应该得到教育;要教育前者行善事,教育后者勿作恶。

我们还希望,他为识别精神气质所制定的规则可以更公正一些。

> 有轻佻的小孩就会有粗鄙的大人。我认为这个说法极具普遍意义且极为准确。对于一个孩子,判断他是真的笨,还是仅仅表面显得笨,但实际上内心坚韧,这是极其困难的。两种极端情况竟如此相似,这乍看上去有些奇怪。不过,这恰恰是合理的。因为当一个人还处在没有真正思想的年龄时,有天才和没有天才的区别在于,后者只会接受错误的观念,而前者发现观念是错误的,于是不接受任何观念。由此看来,天才儿童和愚笨小孩的相似之处在于,后者什么东西都做不好,而前者认为没有什么适合他来做。[2.115]

生来有天赋,但是童年时期被笨拙的外表所遮蔽的孩子,真的不会接受错误观念吗?有经验证实这一点吗?愚笨孩子只会接受错误观念,这个说法真的已经证实了吗?即便如此，两种情况怎么会产生相似的外部表征呢？空无观念的头脑跟充满错误观念的头脑会相似吗？无论两个孩子的天才或愚笨程度如何，卢梭都同意两人都还没有形成正确的观念。那么，让所有错误的观念进入一个孩子的头脑，而将其排斥在另一个孩子头脑之外，他制定这一标准的底线在哪里呢？难道排斥错误观念不需要识别能力吗？有识别能力不正意味着有正确观念吗？

尽管如此，卢梭依然继续说道：

> 小加图童年时被家人当成笨蛋。他寡言执拗——这是别人对他的全部评价。直到在苏拉家的前厅那一刻，他的叔父才开始了解他……［2.115］

卢梭的文风粗犷有余而细腻不足。在他看来，产生庸人的那种愚钝跟预示坚韧内心的表面蠢笨之间，并不存在任何过渡。他从一个极端迅速跳到另一个极端，并且不断夸大其笔下的形象。然而，自然是渐进的。我们在孩子身上看到的那种亲切活泼也并非一成不变。有一种活泼其实只是愚钝，卢梭认为由此会产生平庸的人，他的看法没错。但是也有一种活泼预示着活力和天赋。有多少伟大的艺术家在童年的嬉戏中就已展露其天分？天赋性情的初始冲动往往就是这样开始的。愚钝型的活泼体现在凡事糊涂而且没有辨别力的孩子身上。他们的头脑好似一个战场，充斥着互相碰撞却全无关联的观念。这些无规则的散乱观念跟心智的关系就好比笨拙的行动跟身体的关系。在童年时期这种不规则行为看上去很可爱，因为儿童做任何事都带着一种优雅，但是等年龄大些，就显得缺乏教养了。不过还有另一种活泼，可以视其为天赋初现。这是一种想象的活力，可以随时用于不同的客体，做到快速理解和准确组合。在把寓言片段应用到历史事件，或把历史事件应用到当下时事的过程中，在进行恰当的对比之中，我们可以看到这种清晰辨别不同事物的相似之处以及相似事物的不同之处的能力。总之，精准和洞察力是我们判别天才型的活泼还是笨拙型的活泼的两个参照特征。

至于说预示坚强内心的那种表面的愚钝，似乎只涉及天生只有一种天赋或才干的孩子，那些可以说天分和性格只适合做某一类事情的孩子。如果唯一能影响他们的事物在其童年期间没有出现，他们就会无动于衷，心神恍惚。我们往往会把这种漠然、这种麻木跟愚笨混同起来。

充满活力的活泼和看似笨拙的活泼，这两种性格同样预示着伟人的产生。第一种似乎会产生较为全面的天才，第二种则产生更为专一的人才。恺撒因其儿时充满活力而受人瞩目；但他是一个伟大的人。他的天赋丰饶、耀目、卓尔不群，胜过沉沦的乌提卡的加图（Cato of Utica）。备受卢梭赞誉的伟大的亚历山大，则因其表面的愚钝而未被看好。还有必要举别的例子吗？还用说像帕斯卡尔、蒲柏（Pope）这些打小就聪明的各色人物吗？

26. 理想学生的生长气候

就气候而言,卢梭希望他的学生出生于气候温和的国度。

> 对于人的培养,地理位置的重要性不容忽视。人只有在温带气候下才能充分成长。极端气候的坏处是显而易见的。人不像树,栽种在某一国度就不再挪位;人如果从一个极端气候到另一个极端气候,就要比从中间点出发到同样的目的地多走一倍路程。让温带国家的居民分别到两个极端气候去,他的优势仍然很明显,因为尽管他跟跨越两极气候的人会受到相同影响,但是他相对原来身体产生的变化也只是一半而已。法国人可以在几内亚或者拉普兰生活,但是黑人却无法在托尔纳生活,萨摩耶人也无法在贝宁生活。此外,两种极端环境下,大脑的条理性也有所欠缺。黑人和拉普兰人就不如欧洲人聪明。所以,如果我要选的学生居住在地球上,我会从温带地区选这个学生——比如法国——而非其他地方。[1.84–85]

如果卢梭只想要他的学生在去极地或者赤道时少走一半的路程,他就应该从中间纬度选择爱弥儿。如果他想让他更好地忍受从一个极端过渡到另一个极端,中间气候仍然具有优势。不过即使是在温带,他仍然要小心不要从空气过于稀薄或者过于浓密的地方选人;从一种气压突然进入另一种气压的坏处是很明显的。然而,如果他选择气候的目的是找到一个能充分发展的,头脑有条理有判断力的学生,那么他关于气候温度的说法就值得商榷了。

首先,他需要放宽温度范围。汉尼拔、马西尼萨(Massinissa)、成吉思汗、古斯塔夫·阿道夫(Gustavus Adolphus),以及彼得大帝(Peter the Great)都足以证明,从努米底亚的炙热沙漠到北方的冰海,在非洲,在鞑靼利亚,在斯堪的纳维亚,人都能得到全面发展。

气候对性情和个人的体质有影响,已是大家的共识。你可以看到西班牙人和英格兰人这方面的明显不同。但是气候完全不会影响组合观念的能力。西班牙人和英格兰人具有完全相同的理性。这是促成所有人全面发展的能力。无论做什么,理性可以让西班牙人跟英格兰人一样成功,也可以让英格兰人跟西班牙人一样成功。卢梭做了两个假设:黑人和拉普兰人不如欧洲人有判断力,而这种判断力的欠缺源于头脑缺乏条理性。黑人和拉普兰人的确不如欧洲人有判断力,基多和秘鲁的印第安人同样也不如西班牙人有判断力。这些印第安人自远古以来就饱受欺凌。即使是这样,他们当中从早年就接受教育的人就会表现良好,跟其他人一样懂道理。可以看到,这是哲学家和观察家亲眼目睹的,有大量文献支撑的事实。他们还赞扬了利马居民的活力和天生的洞察力。神父普雷沃(Abbe Prevost)在其《航海史》(*History of Voyages*)一书中曾提及一个青年黑人王子,他曾在英格兰广受景仰。阿拉伯的气候几近极端,但是仍然产生了这样出类拔萃的人物。就算是黑人和拉普兰人的判断力不如欧洲人,我们总还是会问:是因为缺乏教育吗?因为头脑没有条理吗?这两个原因中,第一个显然是对的。因为黑人和拉普兰人接受的教育跟我们在欧洲接受的教育明显有很大不同。尽管如此,卢梭将问题全部归于第二个原因。他径直推出了两个根本无法取证的观点,即黑人和拉普兰人判断力欠缺是因为头脑缺乏条理,而缺乏条理是因为气候的原因。可以作为反证的一个常见例子是,秘鲁印第安人似乎天生不如黑人判断力好,但是通过教育,他们可以变得跟欧洲人同样明理。古罗马人发现,布立吞人(Britons)还处于未开化状态,进而根据其天性认定他们可以接受所谓"人性文化"。但是罗马人错了。卢梭同样也可能错了。我们的先辈赋予瑞士人和日耳曼人荣誉,就是认为他们拿不出任何有品位的成果。如果你问其原因,他们会毫不犹豫地指出是因为气候。然而在当今,哈勒、格斯纳和克洛普施托克已经博得了最有教养的民族的青睐。

  卢梭想要他的学生出生在温带地区的国家。他给出的理由是,头脑的条理性会更加完备,并且只有温带气候才会让人得到充分发展。可是,他却希望他的学生只有一个普通的头脑,并且解释说,因为他只想教一个普通人。那么他的前后说法一致吗?他不想把一个普通人塑造成充分发展的人吗?如果他不希望如此,如果他不想这样做,那他为什么单单要从让人充分发展的气候中去选择呢?

教育的终点、目标和主要职责是使人有理性。卢梭此言意味深长。那么，有没有哪个国家，无论其气候酷热还是严寒，那里的人都无法变得理性，因而教育在那里无法完善呢？如果卢梭的方法仅适用于温带气候，那就过于局限了。基督教的性质则全然不同，它让所有国家的人都变得理性。

我不知道卢梭是否把北美野蛮人居住的区域算为温带国家。不过，他不能否认那些人有着明显的理性水准。好的政府是理性的杰作，这一点我们都赞同。现在卢梭教育我们，我们所说的野蛮人享有这种无可估量的优势；而这种优势，卢梭说，在欧洲的温带国家都不存在。在《社会契约论》第3卷第5章中，他宣布了"北美的野蛮人获得了良好的管理"这个重大发现。

然而，他在另一处所说的关于好政府的标志，就可能显得尴尬了。

> 要问哪些标志可以告诉我们某个民族得到的管理是好还是坏……这个问题，作为一个有关事实的问题，可以得到解答。然而，它并没有得到解答，因为每个人都希望以自己的方式来解决……。就我个人而言，我总是惊讶地发现，人们或者看不到如此简单的标志，或者怀有错误的信念而不愿意认同这个标志。政治组织的目标是什么？是其成员的生存和兴旺。该组织及其成员的安全和兴旺最确定的标志是什么？是其数量和人数。因此，不要再去其他地方找这个饱受争议的标志了。[《社

会契约论》第3卷第9章]

但是,如果数量和人数是我们判定好政府的兴旺程度的单一标志,我不知道为什么可以说北美野蛮人得到了良好管理。好政府的唯一标志,原来要在专制帝国中去发现,而在野蛮人中却很难找得到。这对卢梭是何等的讽刺!

27. 理想学生的身体素质

关于体质,卢梭想要一个强壮健美的孩子。

> 我不会接受体弱多病的孩子,即使他能活到八十岁。一个对自己和他人都一无用处,一心只为保全自己,心智教育受到身体损害的学生,我是不要的。我在他身上白白耗费心思,岂不等于让社会的损失加倍,为一人而损失两人?如果找另一个人来替我照看这个病弱的孩子,我会同意并且支持这一善举。但这不是我的专长。我无法教一个只想着怎样可以不死的人如何去生活。[1.94]

我认为这番话有损卢梭的人格。他谴责一些哲学家,说他们为了免除爱邻里的责任而去爱鞑靼。[1.14]倘若那些哲学家在世,他们会不会用更充分的理由来谴责他对病弱儿童不近情理呢?他不是说,他支持照看这些体弱儿童的善举

对具体教育方法尤其是课程的反思 | 141

吗？可是他对于这一善举的语气又削弱了付诸行动的愿望。"我在他身上白白耗费心思，岂不等于让社会的损失加倍，为一人而损失两人？"如此谈论人性何其可憎！照看病弱的孩子，全力看护他，关注他的健康，培育他的理性、他的理解力、他的才能，这会有损于社会吗？卢梭希望在我们这个时代重现斯巴达式残酷对待无辜生命的恐怖景象吗？但是就这一问题看，斯巴达违背了人性最神圣的职责，仅仅是因为它对于政府的真实目的的判断始终是错误的。人的生产是为了和平生活，而不是发动战争。战争只可作为获取和平的手段。卢梭承认政治组织的目标是保证其成员的安全和兴旺。斯巴达把本应为手段的东西当成了目的，其政治组织的唯一目的就是打仗。与社会的目标和目的有关的重大的错误导致了法律和社会秩序的相悖，这很奇怪吗？无论斯巴达人的政策有多糟，他们终归是从错误的原则进行了有序的推理。然而卢梭把成员的安全和兴旺设定为政治组织的目的的同时，却又把照顾体弱的孩子当作社会的损失，这实在是匪夷所思。如果这个看法跟他的体系中任何内容在逻辑上有所关联，一定是有关病弱儿童无法过野蛮人的生活，因为只有成为野蛮人和食人族才会令卢梭满意。而事实上，病弱儿童有可能成为国家的支柱和骄傲。他可以变得懂道理，有善心，有知识，能提出好建议，能为人楷模。这么浅显的道理还需要翻阅历史去证明吗？

我们这位哲学家的纵容和苛求令人难以理解。他认为，任何约束儿童自由天性的行为都是野蛮的。他原谅不尊重父亲的孩子；"但是任何情况下如果孩子反常地对妈妈表现出不尊重……你就要像勒死一个不配见天日的怪物那样赶紧勒死这个恶棍。"［1.3 fn］不应忘记凡事有度。理性不应过于放纵，也不应过于苛求。如果孩子出现反复无常的冲动行为，那就制止他，即便是要他哭一鼻子。如果孩子真的对母亲不敬，那就严厉斥责他，并时时监督和予以纠正，但不必去勒死他。我们应始终对不需要宗教支持的美德保持怀疑。尽管其外表坚毅、持久、英武，这种哲学美德总有言不由衷的时候。这样的哲学家为了免于去爱基督徒而去爱突厥人。他要勒死儿童，或者教育儿童成为野蛮人。[1]

---

[1] 卢梭对学生的教导令人称奇。他先假定爱弥儿永不会与人争吵。"但如果有人找他吵架，他会怎么做？"卢梭是这样回应的。"公民的荣誉和生命绝不可受恶霸、醉鬼或大胆的无赖的摆布，但是没人能保证不会遇到这类事情，就好比不能保证不会被瓦片砸到。被人打耳光或者被欺骗对个人会造成影响，这一点再聪明的人也无法预料，法庭也无法为受害方讨公道。法律上的缺陷可以由此让他在这个问题上体现独立。他于是成了唯一的法官，成为挑衅者和他二人之间的唯一裁判。他就是自然律法的唯一阐释者和执行人。他手握公道，也是唯一能行使公道的人，并且世间没有哪个政府会因他为自己主持公道而做出惩罚他的疯狂举动。我不是说他应该去决斗。那是荒唐的行为。我是说，他要为自己讨回公道，并且只能靠自己去完成。如果我是君王，我敢保证，要是没有那些禁止决斗的繁多无用的律令，在我的国家绝不会出现打耳光或是欺骗行为，而且会辅以极其简单的办法不让法庭参与进来。不管怎样，爱弥儿知道在这种情况下要为自己主持公道，知道保护正派人的安全的做法。一个人的坚定不在于怎样防止被人欺辱，而在于防止别人长期吹嘘曾对他的欺辱。"［4.147 fn］任何有识之士在读了这些文字后，除了认为卢梭在鼓励个人暗杀而不是荒唐的决斗，还会有其他不同的理解吗？爱弥儿受了欺辱。法庭保护不了他。事件中法律的缺陷使他寻回了本性的独立。且看，他成了唯一的法官，成了挑衅者和他二人之间（转下页）

28. 论卢梭的学生的社会地位

论及学生的社会地位，卢梭希望学生是富人而不是穷人。

> 穷人不需要受教育。他的身份会给他义务教育。他别无选择。富人则相反，无论从他个人还是社会的角度看，他从身份中所获得的教育是最不适合他的……所以，我们还是选一个富人吧。至少我们可以确保多培养了一个人，而穷人可以自我培养成人。基于同样的理由，我认为爱弥儿出身名门也并无不妥。无论怎样，他都将及时脱离偏见之害。[1.87-88]

从某些方面看，穷人对教育的需求比富人要少，因为他们单调简单的生活方式对体力要求多于脑力，因而接触错误的机会不多。但是从其他方面看，他们要比富人更需要教

（接上页）的唯一裁判。他要为自己讨回公道，而公道也要自己来定。他不会去决斗，然而挑衅者不会再长期吹嘘曾对他的欺辱。这还是哲学家、智者、贤人的学校吗？单单这篇文字，岂不是可以让盲目沉迷于非基督徒的不羁观念中的那些人豁然开朗？爱弥儿无法防止自己受人欺辱，但是他可以让挑衅者不再长期吹嘘曾对他的欺辱。违法行为和惩戒手段毫不匹配！可否诉诸公共权力？这样可以体现智者的坚定、节制和耐心吗？这些只是空泛之词吗？苏格拉底哟，爱比克泰德（Epictetus）哟，你们的道德说教，让那些智术师乱了头脑，居然敢鼓吹犯罪来称颂美德！——作者原注

育，因为他们通过教育学到怎样规范其行为的机会要更少。我们出生时被剥夺的，而长大后需要的判断力，需要教育给予。这是卢梭的观点，对穷人富人都适用。穷人是人，因而需要通过学习成为理性的人，成为好儿子、好丈夫、好父亲、好朋友，并应尽到本分，爱家庭、爱国家、爱宗教。国家对底层人民进行适当教育的收效是明显的：可以防止有人无视担当，防止懒散、淫逸和残忍；可以柔化粗糙的灵魂，那是普通人的特征和诸多邪恶的根源。灵魂处于平静状态时，这种粗糙只是表现为举止粗鲁。但是一旦受到情绪的挑动，即便是些微强烈的情绪，也会爆发为仇恨、嫉妒、自私、报复等情感。一旦受到惊吓，这种粗鲁就会立即升级为凶残。多少可怕的纷争均源于此，起于皮毛小事，而终于流血暴力。

只需看看当前欧洲多数民族的习俗，就可以对引入在中国产生了有益效果的复杂的礼仪规范做一想象。孟德斯鸠说，中国的立法者以百姓安居为首要目标，全力推广文明礼仪。他们要人们相互尊重，时刻铭记与人为善，懂得取长补短的道理。这就是中国的传统精神。

比起只能用来规范外表举止的礼仪规矩，当下基督教的做法更为有效。圣保罗对于社会各阶层的信众所做的讲话中包含了礼貌的基础和其完整的内容："相互服侍。喜人之喜，悲人之悲。若能力所及，需与人为善，无论贵贱。相互包容，情同手足。不可报复。勿以恶报恶。"宗教牧师受托以上帝的名义宣讲这些有益的信条，不仅要将其推介为社会的责任，让生活更为舒适，还要当作神圣的宗教实践，使救赎成为可能。这将是最有用的布道的主题。如果牧师是做福音布道并且辅以他的亲身经历，就会有成果。一个众所周知的著名事实是，在天主教国家，教区或乡村的外观可以仅仅因为一个好的教区牧师的到来而出现巨大变化。我所说的好的教区牧师，是指一个热情而博学的人，因为这是指引无知者所需要的条件。如果对环境一无所知，审慎也将百无一用。

为了使教育更有效，必须小心转变孩子的习惯。要做到这点，负责教村里孩子读写计算的学校教师，如果在这些有用的活动上再加上更有用的一项，那就足够了。也就是说，他应该让孩子们把使徒保罗对所有基督徒，无论其社会地位如何，所传达的教诲付诸实践。他应使他们习惯于相互间情同手足、相互善待，凡事相互帮扶。对于不因委屈而怨怒的人予以赞扬和奖励，对于以德报怨的人则有更大的褒奖。另一方面，对于挑衅者的最严厉的惩罚，是他的行为给他带来的忽视和蔑视。堕落的人为掩饰相互间的蔑视而经常佩戴的世俗谦恭的面具，在这里将不复存在。这些做法旨在唤醒和滋养儿童挚爱的情感。因为比起其他情感，爱更容易让儿童敞开心扉。这些由爱所推动的行为，在转化为举止和习惯后，将增强牧师的教育效果。村民的子女跟其他人同样会受到这些情感的影响。大自然始终如一，在天赋的分派上并不区分奢华的宅邸和穷人的棚户。好的教育总是能在孩子头脑中把荣誉和美德相连，把羞耻和邪恶相连。你可以教育他们，从内心说服他们，所有诸如田间耕作这类诚实的职业都受人尊敬，只有邪恶和懒惰才会令人堕落可鄙。若能在全国统一建立这样的机构，可谓社会至善之本源！困难只有一个。到哪里去找合格的教育者以及能让他们秉持这种育人精神的学校呢？单独看上去，困难是非常大的。但是把可用的资源考虑进去，其实困难并不是很大。

尽管如此，卢梭想要来自富人家的学生的动机——使其及时脱离偏见之害——是值得赞许的。

> 富人的一大苦处就是处处受骗。如果他们对世人评价不高，有什么好奇怪的呢？财富令他们腐化，作为公正的报应，他们也最先感受到财富——这是他们了解的唯一工具——的缺点。[1.109]

如果卢梭能详细说明财富带来腐化的前因后果以及对教育产生的负面影响，他的做法或许有用。达朗贝尔曾撰文论及文人和社会伟大人物的关系这一话题。可以想象卢梭在书中会怎样深入描绘富人是如何被教育灌输了偏见。这些偏见是假象的常见起源，他们在假象之中忽略了生活美好的一面。这是个外表取代现实，形式胜过实质，为鸡零狗碎而大事铺张的世界。紧要的事务往往草率处之，而琐碎的事情却严肃对待。卢梭无法改变这个世界，因为套用他们的话说，世界老了，不可救药了。事实上，他或许本可以把真相告诉富人，世界也会由此变得更好。

29. 哲学不足以建构民族精神

有关大众教育的机构,卢梭声称——

> 大众教育已不存在,也将不复存在,因为父国不存在的地方不会再有公民。**父国**和**公民**这两个词应当从现代语言中抹除。我很清楚为什么要这样做,但是我不想说出来。因为这跟我的主题无关。[1.23]

那么卢梭为什么一开始没有以身作则,为现代语言带来他所希望的改革呢?换言之,他怎样能让"公民"二字——出现在他著作的扉页标题中——与他在这席话里提倡的观点保持一致呢?

他还说:"我不会把那些可笑的称为学院的机构视为大众教育。"[1.24]

卢梭在表述方式上毫无分寸。可笑一词完全不适用于那些让我们获益良多的值得称颂的机构。但是任何人类机构都有进一步完善的空间。他本可以在这个问题上提供一些有用的意见。他可以讨论教育的统一性、优势,以及建设方法。在自野蛮人(为了免去谈及一些现代王子)入侵后的漫长的时代进程中,我知道唯独查理曼真正理解这一问题的重要性。

我不会就大众教育发表任何看法,关于这个问题:"三教九流曾各抒己见。"有关这一主题的大量文章中,有一种观点让我深以为然，并乐意在此强调一番。人们往往通过区分各种学问来充实心智，通过区分不同哲理来成为公民，通过区分各类宗教来成为基督徒。如果我们声称仅靠哲理就可以成为公民，我认为这是自欺欺人。

首先，哲理非百姓能力所及。跟农民和手艺人谈哲理好比对牛弹琴。俗物缠身的人腾不出时间来全身心关注哲理。然而这些人构成了公民的绝大多数。因此有必要用哲理以外的其他原理来构建公民的大多数，而这个原理，因为它必须有普世作用，总体上也将用来建构全体公民。

其次，哲理在不求甚解的人那里很容易走样。这是大法官培根的看法。因此，好的哲理的受众只是少数。如果让哲理为国家服务，让服务更为有效，需要经过三四个伟大哲人的庄重的传承，而不是让哲理以表面的肤浅的形式在社会各阶层逐步扩大和传播。两万名对天文学略知皮毛的无所事事的公民，对一个国家有什么用处呢？这些人的知识永远不会用来调整历法或是完善对社会有益的理论。一部分货真价实的天文学家的工作会令国家获益，其余的工作则纯粹是浪费。不过，天文学和哲学的不同之处在于，天文学知识浅薄并无害处，相反还可以用来点缀思想和鼓励好品位的养成；而哲学如果不能为善，就必定会为害。

再次，哲学并不提供充足的动机，使我们持久地履行它所建议的责任。拜尔（Bayle）曾尝试证明，美好的德行本身具有让人忠诚依附的魅力。这其实是一种错觉。德行之美可以触动人心。剧场可以为证。没有哪个反面人物天生喜爱邪恶，很多人热爱美德也是出于自身意愿。如果通过合法手段和犯罪手段均能达成目标，每个人都自然会选择前者而非后者。但是，如果美德的魅力和它在心中激发的自满，被可能的特殊利益或强烈的情感消解，我们就会面对完全不同的情形。鉴赏家看到一幅精美的画作而欣喜若狂，他凝神端详，陶醉其中。他会不会卖掉自己的房子来买这幅画呢？这就涉及计算问题了。但是对美德的选择绝不会成为这种计算的结果。那么，我们可以说总体利益是使人追求美德的充分动机吗？这又是一种错觉。总体上看，特殊利益和总体利益的确是捆绑在一起的。尽管二者有此关联，可是，难道没有人牺牲总体利益来获取自己的特殊利益吗？这又是一个计算问题。扪心自问吧。你会懂得，美德本身是美丽的，但是它无法提供它没有的东西。因此，美德需要支撑，需要一个砝码来抵消天平另一端的享乐追求。这种支撑，这种平衡力只有宗教里才有。

最后，哲学并不适用于形成爱国精神的统一，这需要激励和联合一个国家的不同成员来形成一个整体。这种精神的统一来自一种建立在观念统一基础上的，习惯和举止方面的一致。因为决定人行为的主要是观念。不得已的情况，意外发生的事，或者激烈的情绪有时会让人偏离这些观念。等一切归于平静，人就会回归观念，因为每个人都珍惜自我管理的权利，而他只有被自己的观念所管理时才能做到自我管理。因此，想要形成爱国精神的统一，就有必要形成观念的一致。这方面宗教可以胜任，因为宗教关注团结；哲学不能胜任，因为哲学关注分裂。宗教关注团结，因为它建立在一种权威之上，这种权威俘获心灵，使其甘于服膺天启神谕。哲学则相反，仅仅是不同体系的综合，不同思想的表现，并且在原理或结论上永远相互矛盾。在现实中，哲学家能达成共识的唯有哲学二字，他们在其他问题上则是各领风骚。

霍布斯混同了权力和强权：孟德斯鸠认为这是可怕的想法，卢梭也坚决反对。有的政治权利起源于父系权力，有些来自专门的或法定的大会。此外，卢梭还提出投票权应该归全体所有。《论心灵》(On the Mind) 的作者认为人类整体上并不具备道德，他认为善与恶没有本质的道德差别。孟德斯鸠把这种差别建立在先于所有实在法的正义和公平的关系之上。而另一方面，他又宣称美德在君主政体中不是必需的。伏尔泰曾在某处坦率地指出，假如他的这种看法是正确的，那将是世之不幸。卢梭也公开谴责这种观点。然而，孟德斯鸠坚持认为共和政体需要美德。《论东方专制的起源》(Rchercher sur l'origine du despotism oriental) 的作者持相反看法，认为美德给某些古代共和体制带来了伤害。孟德斯鸠认为气候是主导因素；爱尔维修 (Helvetius) 认为没有什么诱因。拜尔称社会没有宗教也能存在。"在声讨了所有的宗教后，他又抹黑基督教，放言说真正的基督徒没有能力建立一个能够生存下去的国家。"这一悖论遭到了孟德斯鸠的驳斥，正如我们用他的原话所展示的那样。《自然法》(Code de la nature) 的作者宣称当前没有人懂得法律和道德的真谛，并指出二者的基础是财产公有。很多人认为，子女从父母那里获得了生命，不等于他们就必须履行其义务。卢梭希望人和人之间不存在服从的问题。[2.33-36, 50] 某哲学家为自杀开脱；哲学家乙为决斗说理；哲学家丙把享乐看作国家繁荣的来源；哲学家丁认为享乐仅适合于大君主政体。达朗贝尔对此似乎全力谴责。有些人甚至认为邪恶对于国家是必要的，可以促进其繁荣。这边正抗议婚约的牢笼，那边又在为自由人的临时婚姻辩护。如果这些混乱无序的观点在广大公民中散布，会有助于爱国精神的统一吗？

虽然对哲学乱象感到不满，但是我绝不是在谴责哲学本身。真正的哲学家，或者说智者，可以为社会做许多好事。要去指引那些做事的人，而不是把那些只管做事的人变成哲学家。我的立场是，爱国精神不能通过哲学的喋喋不休来推行，然后在社会各色人物中散播；这个过程中，无论真的，假的，好的，坏的，可行的，矛盾的，总之一切都永远处于混杂、无序状态，处于商讨、分析、争执、认同过程中，并且哲学行话无时不在破坏清明哲学的精神和秩序。那些能正确理解宗教和法律，并通过他们幸运的发现来拓展人类知识范围的哲人，我对他们由衷地钦佩。我只想专门针对那种会产生负面影响的哲学，正如海诺会长（President Henault）曾明智指出的，"有时候当你有理由怀疑某种哲学思想进入混乱的头脑后将对宗教不利时"，这种哲学思想会因为滥用而成为诸多邪恶的根源。培根用他一贯的尖锐对这类哲学做了刻画：

当然也有［人］钟情轻浮，认为固守观念等于作茧自缚；并且在行动和思考中故作不羁。尽管这类哲学家已成为历史，一些与其一脉相承的不着边际的说法在当下仍然存在，尽管与古时相比已是日薄西山。

另一方面，谁不知道法律本身就是哲学的伟大成果呢？古代最负盛名的立法者都是哲学家。然而，一旦哲思或智慧被用来制定法律，它们就必须受到普通人和哲学家同样的尊崇。来库古从深奥的哲理中提炼出法律，然而作为哲学家的来库古，却不会允许饶舌的雅典人在斯巴达对斯巴达法律提出异议。

结　语

　　上文貌似离题，其实不然。卢梭对哲学和哲学家进行了猛烈抨击。如果打个还不算很糟的比方，我觉得他就像江湖郎中，通过抹黑同行来兜售所谓独家万灵药方。

　　　　诸位读者，切记，跟你讲话的这个人既不是学者，也不是哲学家，而是一个普通人，一个真理的朋友，不入派系，不立学说；他深居简出，遗世独立，因而不易沾染他们的偏见，也有更多的时间反思在与他们交往时的重要感悟。我得出的所有观点，与其说是基于原理，不如说是基于事实。[2.129]

　　这么说来卢梭不是哲学家。他不立学说。他不是自己书中那些规诫的创立者。想了解自然，展现自然的观点、力量和需求，要靠自然自身来完成。社会人不是自然人；社会制度使他堕落退化。卢梭只想把世人从那些陌生的关系中解放出来，使他们展现原本面貌。对于他书中贯穿始终的自然的呐喊，我们可以充耳不闻吗？对自然的求助，我们可以不施以援手吗？很多人因为卢梭天花乱坠的雄辩而相信了这些说辞。他们不明白，卢梭展示给他们的自然人，其实是哲学家所构想出的最为虚幻的人。当今没有谁曾见过一个完全独立于社会制度之外的人，也没有谁能说得出这种人会是什么样子。他在这个话题中的全部承诺只是凭空的想象和单纯的白日梦。然而，他书中的这些人为的掩饰，难道不会给那些经不起其诱惑的头脑留下有害的印象吗？蔑视一切启示宗教，尤其是基督教[1]，我甚至可以说是无视上帝，憎恨所有的现

---

[1] 韦恩斯的话清晰地告诉我们应该怎样看待卢梭所说的基督教以及他对启示的强烈看法。他在《爱弥儿》[4.332 fn]中谈论《申命记》的方式，以及在《社会契约论》第一卷第2章中谈论亚当王和诺亚皇的方式，跟在他的其他著作中表现出的对"圣经的权威"的尊重，是不一致的。[4.355]他甚至还指责基督教礼拜仪式规定过了头，难以实行。卢梭的这种指控是站不住脚的。基督教并没有做过头，倒是他自己热衷于把每件事都做过头。且举一例："无所事事，吃不是靠自己挣来的东西，等于是偷窃。什么也不做而从国家那里领钱的人，在我眼里无异于靠打劫路人为生的强盗⋯⋯。无论贫富、强弱，无所事事的公民就是流氓。"[3.126]基督教谴责人的懒惰。然而尽管懒惰是大罪，是不是就可以说，如果一个人什么也不做，靠祖辈留给他的财富生活，而祖辈的财富也是合法获得的，那么这个人吃的东西也是偷来的？这个无所事事的公民无疑应为其懒散而受到责备，但他并不是小偷、流氓或强盗。真正让事情过头，让好事变坏事的，恰恰是这一类断言。

我不会指责卢梭鼓励人们无视上帝的存在，但是他的某些原理的确会引发那种后果。在他看来，即便十五岁的儿童也没有能力接受有关上帝的教育。什么！处于基督教中心（地带）的我们，怎么能容许孩子长到十五岁和十八岁，却还了解不了他们的第一原则和最终归宿，还不知道他们的灵魂需要拯救？"我可以预见，很多读者看到我始终（转下页）

存政府,反叛所有的合法权威,信奉不受约束的独立自由,在儿童的字典中废除服从一词,因为错误的放纵而无法遏制儿童天性自由的冲动,因为错误的谨言慎行而不去和他们讲道理,不给他们提供培养心智的适龄教育——这一切就是新的教育方案的成果。

卢梭在这些观点中掺杂了一些有用的、有见地的想法,但是这些想法只是用来更好地掩盖书中致命的毒药,让读者更快地把它吞下去。大自然唯独向卢梭这个凡人显露真身吗?在他和他之前的全部哲学家之间,问题关键不在于他是

(接上页)关注我的学生的早期阶段,却从不跟他讲宗教的事情,因而感到很奇怪。他十五岁时还不知道有灵魂。或许到了十八岁也不是开始学这些东西的时候……"[4.171]但是万一他在那之前就死了呢?卢梭在此表现出彻头彻尾的无知。[4.176]必须承认,错位的、彻头彻尾的无知会情愿无视上帝的存在。他的萨瓦牧师,其信仰自白被卢梭视为本世纪发行的最佳的、最有用的作品,曾说道:我们还需要[自然宗教之外的]其他的宗教,这真是怪事……关于上帝的伟大的观点完全是理性带给我们的。[4.318]任何一个基督徒都会发现这是个荒谬的说法,是想用人类哲学的反复无常来丑化对上帝的认识。这位牧师还在另一处说:"……我赞美上帝的恩赐。但是我不向他祈祷。我对他有什么祈求呢?祈求他为我改变万物的规律,帮我制造奇迹吗?"[4.313]我们要当心,认为自己对上帝无所求的人很快也会懒得去赞扬上帝的恩赐。从忽视祈祷到忽视造物主,这是注定的结果。

关于对一切人类权威的蔑视,除了我们在他处引用的有关全部民族的法的精神方面的文字外,我们还要做如下引用:"公平与秩序,这些伪善的字眼始终会被当作暴力的工具和不公的打手。由此可见,那些显赫的阶层所谓的帮助他人,其实是通过牺牲下层的利益来帮助他们自己。"[4.99]我不清楚野蛮人会怎样看卢梭这本书,但是很显然,此书意在动摇基督教和以法律和社会制度为基础的每个文明国家的根基。因此,要说这本书会制造坏基督徒和坏公民,也并非言过其实。如此对人类可有助益?——作者原注

否发现了特别的真理，人心深处的秘密，或是别人未曾注意的结果或细节。如果卢梭得偿所愿，如果只有他一人看到了一切，那么其他人就什么都没有看到。苏格拉底、柏拉图、色诺芬、西塞罗、塞涅卡、昆体良、普鲁塔克、培根、洛克、波舒哀、弗莱里、芬乃伦、尼克，还有罗林——这些杰出的人物对于人的本性一无所知，并且在引导和教育青年的方法上全都走错了路。卢梭开辟了一条新路。世人将不再受专制的腐化。他们不再因为宗教的强迫而受辱。他们不再因各种远离自然的学习而身心疲惫。强健的体魄，活跃的头脑，全面的能力，健康与幸福，将是这一个新的教育手段的宝贵成果。这是何等的痴妄！这是何等的虚幻！

　　为人父母者，勿为奇思妙想蒙了心窍。警惕孩子成为尚无成功先例的危险方法的实验品。需谨记先辈的金玉良言，他们的话因权威古远而弥足珍贵。切不可忽视对孩子宗教方面的教育。如果你们想要他们走一条不同的路，那就是自负。如果他们是你们的挚爱，如果你们希望从他们身上得到荣耀和慰藉，那么他们和你们两方的幸福就必须同样出自宗教。不要因为你们的自负而把他们变成追求特立独行的无辜受害人，也不要让你们带给他们的不幸在某一天给你们自己带来羞愧和绝望。